Bärbel

Elfriede Koch
Den Durst meiner Seele stillen

Elfriede Koch

Den Durst meiner Seele stillen

Begegnungen mit Frauen aus der Bibel

R BROCKHAUS

Die

Edition
AUF:ATMEN

erscheint in Zusammenarbeit
zwischen dem R. Brockhaus Verlag Wuppertal
und dem Bundes-Verlag Witten
Herausgeber: Ulich Eggers

Satz: Ralf Krauß, Herrenberg
Umschlaggestaltung: Dietmar Reichert, Dormagen
Druck: FINIDR, s.r.o., Tschechien
ISBN 3-417-24469-2
Bestell Nr. 224 469

ZUR EINLEITUNG

„Die Geschichte kenne ich schon!“, rufen Kinder oft, wenn im Religionsunterricht oder im Kindergottesdienst eine altbekannte biblische Geschichte erzählt wird. „Die Geschichte kenne ich schon!“, ist auch oft meine Reaktion, wenn ich wieder mal beim Bibellesen oder im Gottesdienst auf längst Vertrautes stoße. Und ich bin dann in der Gefahr abzuschalten, genau wie die Kinder. Doch immer wieder habe ich eine Erfahrung gemacht, die ich inzwischen auch den Kindern erzähle, wenn sie die bekannte Geschichte ablehnen: „Es gibt Geschichten, die kann man immer wieder hören, das ganze Leben lang, und man entdeckt immer wieder etwas Neues an ihnen. Und je öfter man darüber nachdenkt, desto mehr kann man damit anfangen!“

Wie kommt es, dass etwas immer wieder neu und frisch zu uns spricht? Es geschieht gewiss nicht automatisch. Nicht, solange wir in der Haltung bleiben, möglichst abwechslungsreich unterhalten zu werden und möglichst viel sensationsreichen Nervenkitzel zu konsumieren. Es geschieht eigentlich erst dann, wenn wir uns innerlich auf eine Geschichte einlassen. Wenn wir mit der gleichen Einstellung an die Geschichte herangehen, mit der wir uns auf einen geliebten Menschen einstellen würden: Wir versetzen uns in ihn hinein, wir spüren seinen Stimmungen und Gedanken nach, wir interessieren uns intensiv für das, was er erlebt und nehmen daran Anteil, machen es also zu einem Teil von uns selbst. Genau so können wir auch eine Geschichte hören. Wir können in unserer Phantasie diese Geschichten mitleben, die Gestalten vor unserem inneren Auge lebendig werden lassen, uns selbst an ihre Stelle denken und versuchen, das Ereignis aus ihrem Blickwinkel zu sehen. Am leichtesten fällt mir das, wenn ich die Geschichte anderen Menschen erzähle, und dazu habe ich glücklicherweise in meinem Beruf reichlich Gelegenheit.

Wenn es gelingt, wirklich innerlich in die biblischen Geschichten hineinzutauchen, dann entsteht etwas ganz Überraschendes und Heilsames. Dann kommt nämlich etwas in uns selbst in Bewegung. Wir merken auf einmal, dass in diesen uralten Geschichten genau das angesprochen wird, was uns selbst im tiefsten Innern bewegt. So fremd und unverständlich manche der Gestalten in der Bibel uns erscheinen, irgendwo sind sie uns doch seltsam nahe. Sie mussten die gleichen Kämpfe und Glaubensprüfungen durchstehen wie wir, die gleichen Sehnsüchte und Ängste aushalten, die gleichen Höhen und Tiefen erleben. Und sie machten Erfahrungen mit dem gleichen Gott, der heute noch immer derselbe ist. Wenn auch in jeder der biblischen Geschichten etwas völlig Einmaliges und Unvergleichliches geschieht, wenn auch Gott mit jeder Person eine ganz eigene, unverwechselbare Geschichte hat, es gibt doch immer wieder Stellen, wo sich ihre und unsere Lebensgeschichte berühren.

Immer wieder geschah es, wenn ich auf diese Weise eine biblische Geschichte nacherlebte, dass Bilder vor meinem inneren Auge aufstiegen. Die Gestalten bekamen ein Gesicht – oft waren es die Gesichter von Menschen, wie ich sie aus meinem Alltag kannte. Die trauernden Mütter, die Einsamen und Kranken, aber auch die, die nur ganz heimlich eine Not mit sich herumtragen, die von Angst geplagten oder von innerer Leere gepeinigten – sie begegneten mir auf einmal in den biblischen Gestalten wieder. Und während ich die Geschichte innerlich nachvollzog, veränderten sich auch die Gesichter, die Gesten, die gesamte Haltung der Menschen. Gelegentlich versuchte ich nun, solche Prozesse in Zeichnungen festzuhalten.

Denn es tut mir oft gut, etwas, das in mir arbeitet, aufs Papier zu bringen und auf diese Weise sichtbar und greifbar zu machen. Ich bin freilich keine gelernte Zeichnerin, und manche Bilder gelangen mir nicht so, wie ich sie mir vorgestellt hatte. Doch dann bemerkte ich, dass Menschen, denen ich sie zeigte, sich davon angesprochen fühlten und dadurch den heilsamen Prozess, der in der biblischen Geschichte beschrieben wird, selbst besser nachvollziehen konnten. Deshalb habe ich, für mich selbst und für andere, noch mehr Erfahrungen mit biblischen Gestalten in Zeichnungen umgesetzt.

Eine bunt gemischte Sammlung von solchen Erfahrungen habe ich nun hier zusammengestellt, und ich habe mich, um der Einheitlichkeit willen, erst einmal auf Frauengestalten beschränkt. Was ich in eigenem Nachdenken, in zahlreichen Gesprächen, in meditativem Gebet oder auch in alltäglichen Geschehnissen mit diesen Bibelworten erfuhr, was sie mit mir machten, was sie bewirkt haben, davon habe ich einiges hier festgehalten. Dabei gebe ich auch manches preis, was sehr persönlich ist, und das fällt mir schwer, denn eigentlich geht es ja niemanden etwas an. Doch ich selbst bin immer wieder so dankbar, wenn Menschen ihre Scham überwinden, ihre Masken fallen lassen und es wagen, mir etwas von ihren inneren Nöten und Freuden, von den Schwächen und Zweifeln, von den Verletzlichkeiten und Kämpfen mitzuteilen. Es waren solche Menschen, die mir wirklich weitergeholfen haben, und nicht die, die alles Persönliche für sich behalten haben. Deshalb wage ich es hier, auch gelegentlich ganz persönlich von mir selbst zu erzählen. Meine Hoffnung ist, dass sich nun viele Menschen mit in diese heilsamen Prozesse hineinnehmen lassen. Dass sie sich auf ein Gespräch mit mir, den Gedanken, Zeichnungen und auch den biblischen Gestalten einlassen. Und dass sie dabei auf neuem Weg dem begegnen, durch den alle diese Prozesse so heilsam werden: dem lebendigen Jesus Christus, der heute noch derselbe ist wie vor zweitausend Jahren.

Auf der Suche nach dem Wasser des Lebens

(Johannes 4,1-42)

Ich trage
meinen leeren Krug
durch die Wüste.
Allein.
Ich meide
das Lachen und Plaudern
der anderen Frauen.
Sie lachen und plaudern ja
über mich.
Über mein leeres Herz
und mein ödes, dürres Leben.
Heiß brennt die Sonne
aufs trockne Land.
Ich gehe zum Brunnen.
Meinen Krug
werde ich füllen.
Aber wo
stille ich den Durst
meiner Seele?

*Das hat mir
gerade noch gefehlt!
Allein wollte ich sein,
habe die Mittagsglut
in Kauf genommen,
um den Blicken zu entfliehen,
und muss jetzt doch
den Blick eines Menschen
ertragen.
Und noch dazu
ein Mann.
Und noch dazu
ein Jude.
Nicht hinschauen.
Schnell Wasser schöpfen.
Bloß weg hier.
Und jetzt
fängt er auch noch
ein Gespräch an.*

*Das hat mir
gerade noch gefehlt!
Er bittet mich um etwas.
Ich habe nichts.
Ich gebe nichts.
Ich habe nichts zu geben.
Mein Leben ist arm und öde.
Ich bin ausgepumpt und leer.
Ich habe nichts zu geben.
Aber
es tut gut
gebeten zu werden.
Dieser Fremde macht mich neugierig.*

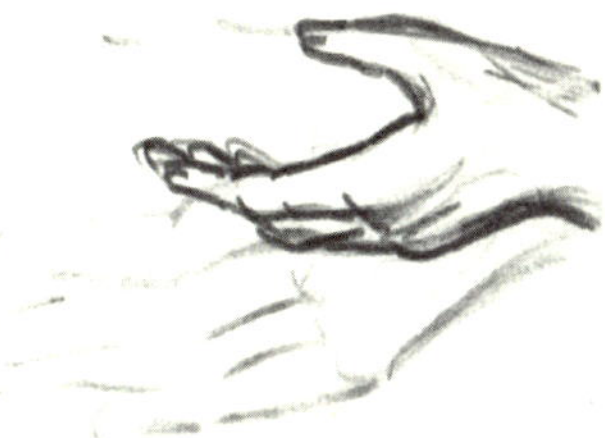

Du sagst,
du hättest mir etwas zu geben.
Wenn ich wüsste,
wer du bist,
ich bäte dich
und du gäbest mir …
Wer bist du?
Du wärst ja der Erste,
den ich einfach bitten darf.
Der Erste,
dem ich offen und geradeheraus
sagen darf,
dass ich etwas brauche.

Du wärst der Erste,
der mir gibt,
wenn ich bitte.
Der Erste, der nicht nur
nimmt, nimmt, nimmt,
bis ich leer und ausgesaugt zurückbleibe.
Du sagst,
du willst mir etwas geben.
Lebendiges Wasser.
Ja, wenn ich wüsste,
wer du bist.
Wer bist du?

Du sagst,
ich soll nie mehr Durst haben.
Gibt es das?
Nie mehr Durst?
Nicht wie bisher:
Immer wieder Durst,
immer mehr Durst,
immer mehr Sehnsucht,
nach mehr, mehr, mehr.
Du sagst:
Eine Quelle in mir
wird sprudeln,
unaufhörlich,
lebendig,
ewig.
Eine Quelle,
die ins ewige Leben fließt.
Das will ich!
Ich verstehe es nicht,
ich weiß nur eins:
Ich will es!
Gib mir dieses Wasser, Herr!
Ich bitte dich:
Stille meinen Durst!

Die Stunde der Wahrheit.
Ich bin erkannt.
Ich bin durchschaut.
Offen liegt vor deinem Blick,
was ich vor allen verbergen wollte:
die Leere meiner Seele,
die verzweifelte Sehnsucht,
die Gier
nach mehr und immer mehr.
Das Suchen
an tausend falschen Orten.
Die Enttäuschung.
Das Ausgenutztwerden
von einem nach dem anderen.
Das Jagen nach Liebe,
die Demütigungen,
das Missbrauchtwerden.
Das gähnende, schwarze Loch
in meiner Seele.
Offen vor deinem Blick.
Und du verstehst.

Ich brauche den Krug
nicht mehr.
Ich brauche den Brunnen
nicht mehr.
Ich habe gefunden,
was den Durst
meiner Seele stillt:
den Einen,
der weiß,
wer ich bin.
Und der mich
trotzdem
liebt.

Es gibt Geschichten, die lassen mich einfach nicht los. Sie leben in mir, wachsen in mir, wecken etwas in mir. Eine dieser Geschichten ist die von der Samariterin am Jakobsbrunnen aus dem Johannesevangelium, Kapitel 4. Sie gehört nicht zu den Erzählungen, die in jeder Kinderbibel stehen und die einem Kind aus frommem Elternhaus immer wieder im Kindergottesdienst begegnen. So weiß ich nicht mehr, wann ich sie eigentlich kennen gelernt habe. Besonders beeindruckend ist sie nicht – denn was passiert da schon groß? Ein Gespräch in der Mittagshitze am Brunnen. Ein Gespräch zwischen zwei Fremden, Angehörigen zweier Welten, zweier verfeindeter Kulturen. Und noch dazu Mann und Frau. Wie könnte es also anders sein: Es ist ein Gespräch voller Missverständnisse. Zwei Menschen reden aneinander vorbei. Beim Lesen fragt man sich: Was soll das? Worum geht es hier überhaupt? Wovon reden die? Aber irgendetwas Rätselhaftes geschieht. Etwas verändert sich in dieser Frau. Und etwas Rätselhaftes verändert sich in dem, der sich auf diese Geschichte einlässt.

Unvergessliche Erfahrung

Drei Erinnerungen verknüpfen sich für mich mit dieser Erzählung: die eine aus meiner Studentenzeit, als wir eine theologische Vorlesung über das Johannesevangelium hörten. Der Hörsaal der theologischen Fakultät ist mir als ein recht öder Ort in Erinnerung, ein Ort, so recht geschaffen für trockene, spitzfindige, ermüdende exegetische Kleinarbeit. Manch ein

Student hat wohl an diesem Ort seine Begeisterung für die Bibel verloren! Wir hörten uns an, was der Professor zu sagen hatte, und erwarteten keine großartigen spirituellen Erfahrungen. Da fing der Professor an, die Geschichte von der Samariterin am Jakobsbrunnen auszulegen. Er sprach von der symbolischen Bedeutung des Wassers. Er sprach vom Heiligen Geist, von der übersprudelnden, erfrischenden, belebenden Energie Gottes. Auf einmal veränderte sich die ganze Atmosphäre. Die sonst so nüchterne Stimme des Professors klang plötzlich wie Musik. Da schwang Begeisterung mit, Faszination, innere Anteilnahme. Durch den Hörsaal lief es wie frischer Wind. Mir kam es vor, als sei mitten unter uns ein Springbrunnen mit sprühenden, silbernen Tropfen und fröhlichem Plätschern aufgesprudelt. Oder war es in mir, dass etwas zu sprudeln und zu sprühen anfing? Ich habe keine Ahnung, ob die anderen Studenten etwas Ähnliches gespürt haben. Für mich jedenfalls blieb diese Geschichte seitdem eine Kostbarkeit, und ich habe jene Vorlesung als eine der wenigen geistlichen Erfahrungen meiner Studienzeit unvergesslich in Erinnerung. Das heißt aber nicht, dass ich die Erzählung wirklich verstanden hätte. Noch immer war es mir ein Rätsel, was Jesus in diesem Gespräch eigentlich beabsichtigt haben könnte.

Begegnung am Teich

Zum zweiten Mal setzte ich mich mit Johannes 4 auseinander, als ich als junge Vikarin an einem Familiengottesdienst zum Thema „Wasser des Lebens" beteiligt war. Der Gottesdienst fand an einem schönen Sommertag im Freien an einem Teich statt, und ich sollte diese Geschichte erzählen. Ich hatte gerade mein erstes Jahr im Pfarrberuf hinter mir und war in der bisher fürchterlichsten Krise meines Lebens. Verschiedene Ereignisse hatten mich so verunsichert, dass ich Tag und Nacht unentwegt weinen musste und kaum noch wusste, wer ich war, was ich wollte, was ich glaubte und was ich überhaupt auf dieser Welt sollte. Ich hätte damals nicht genau in Worte fassen können, worin mein Problem bestand. Aber es muss wohl etwas damit zu tun gehabt haben, dass ich mit dem unstillbaren Durst in meinem Innern in Berührung gekommen war. Ich hatte alles, was ich mir vom Leben nur erträumen

konnte, einen guten Ehemann, viele Freunde, Erfolg und Erfüllung in meinem Beruf. Aber das alles änderte nichts daran, dass ich eine grässliche innere Leere spürte, ein Ziehen und eine Sehnsucht, die unerträglich waren. Und das, obwohl ich Jesus kannte, von dem es doch immer heißt, dass er die Sehnsucht unseres Herzens stillt. Aber kannte ich ihn wirklich?
Ich glaubte an ihn, aber ich konnte zu dieser Zeit den Zugang zu ihm nicht mehr finden. Alles, was ich bisher geglaubt hatte, erschien mir nur noch wie leere, hohle Theorie ohne echte Realität. Ich stand kurz vor dem völligen Zusammenbruch und kämpfte gegen Selbstmordgedanken. Wenn ich eine Predigt vorzubereiten hatte, schaffte ich es nur mit größter Mühe, einen zusammenhängenden Satz zu formulieren. Aber eine Geschichte erzählen – das würde ich gerade noch zustande bringen! So hielt ich mich gewaltsam aufrecht und erzählte dort am Teich der Gemeinde, wie da eine Frau zum Brunnen geht. In meiner Phantasie ging ich selbst mit, spürte die Hitze und die Dürre, den Durst und schließlich das Erschrecken darüber, am Brunnen nicht allein zu sein. Und indem ich erzählte, war es so, als würde ich selbst diese denkwürdige Begegnung miterleben. Ich hörte die überraschenden Worte aus dem Mund des Fremden, ich spürte das Misstrauen und die Angst, die allmählich der Neugier und dem Interesse wich. Und indem ich erzählte und in meiner Vorstellung alles miterlebte, passierte etwas mit mir. Etwas begann zu fließen, durch mich hindurchzuströmen. Es spülte die quälenden Gedanken weg, es reinigte und belebte mich. Nachdem ich fertig erzählt hatte, fühlte ich mich seltsam erfrischt. Es war, als wäre ich selbst Jesus begegnet und hätte einen Schluck vom Wasser des Lebens trinken dürfen.

Heil werden in der Tiefe der Seele

Damit war meine Lebenskrise zwar keineswegs überwunden, und keineswegs erlebte ich es, dass ich von nun an nie mehr Durst oder Sehnsucht verspürt hätte. Aber nach und nach entdeckte ich einen Weg, wie ich die Wahrheiten des christlichen Glaubens wirklich gefühlsmäßig erfahren konnte: indem ich biblische Geschichten nicht nur las und mit dem Verstand analysierte, sondern sie innerlich miterlebte. Sich in die Gestalten der Bibel hineinzuversetzen; vor meinem inneren Auge die Bilder, die sie gesehen haben könnten, erstehen zu lassen; mitzufühlen, was sie vielleicht gefühlt haben; zu sagen, was ich an ihrer Stelle gesagt hätte; zu hören, was Gott ihnen sagte, als gälte es mir persönlich – das erwies sich als wirkungsvolle Übung, um geistliche Nahrung aufzunehmen und in schwer erreichbaren Tiefenschichten meiner Seele heil zu werden. Seitdem ist das Erzählen biblischer Geschichten, ob in Kindergottesdienst oder Unterricht oder bei anderen Gelegenheiten, für mich selber zu einer Art Kraftquelle geworden – da fängt das lebendige Wasser an zu sprudeln.

Jahre später hatte ich dann einmal eine ausführliche Bibelarbeit über die Samariterin zu halten, und da fiel mir das Buch eines amerikanischen Psychologen in die Hände, der die Geschichte psychologisch analysierte. Leider habe ich das Buch verschenkt und weiß nicht einmal mehr den Namen des Verfassers. Aber es hat mir buchstäblich Welten geöffnet. Jetzt begriff ich, welche umwälzenden Kommunikationsprozesse zwischen Jesus und dieser Frau abgelaufen sind. Ich erkannte, dass Jesus keineswegs an der Frau vorbeigeredet hatte, sondern ihre tiefsten und geheimsten Bedürfnisse und Nöte zielsicher und taktvoll aufgedeckt hatte. Mir eröffnete sich die Reichweite der Symbolik dieses Bibeltextes. Und ich spürte, wie zwischen den Zeilen etwas mitschwingt, was eine ungeheuer heilsame Kraft in sich trägt. Zwar enthält die Geschichte noch immer manche Rätsel für mich und manches, was mich zum Widerspruch reizt. Die Frage bleibt, warum ich denn immer noch Lebensdurst und ungestillte Sehnsucht erfahre, obwohl ich Jesus so oft um das lebendige Wasser gebeten habe. Doch jedes Mal, wenn ich mich in diese Geschichte hineinbegebe, werde ich erfrischt und getröstet.

Schwester und Freundin

Die Samariterin am Jakobsbrunnen ist mir im Laufe der Zeit wie eine Schwester und Freundin geworden. Zwar ist sie mir in vielem fremd, ja nicht einmal besonders sympathisch.
Die Persönlichkeit, die da im Bibeltext geschildert wird, erscheint mir recht schwierig, misstrauisch, unaufrichtig, menschenscheu, vielleicht sogar recht kratzbürstig. Ihre Lebenssituation ist so ganz anders als meine – ich kann mir nur schwer vorstellen, wie es sein muss, fünf Männer gehabt zu

haben, immer wieder das Scheitern einer Beziehung zu erleben und deshalb auch noch von den Leuten verachtet zu werden. Aber ich kann mitfühlen, wie verhärtet und verbittert, wie ausgenutzt und seelisch verdurstet diese Frau sich fühlen mag. Und immer wieder begegne ich Menschen, die mich an sie erinnern. Wenn ich in der Seelsorge Menschen vor mir habe, deren innere Lebendigkeit schon fast vertrocknet ist, oder die so sehr von anderen missbraucht wurden, dass sie kaum noch wagen, etwas von sich preiszugeben – dann ist es mir, als sähe ich das Gesicht der Samariterin und hörte die Worte Jesu: „Wenn du wüsstest … Du bätest mich, und ich gäbe dir …“ Was könnte ich Besseres für diese Menschen tun, als sie mitzunehmen auf den Weg zum Brunnen und ihnen zu helfen, die Bitte auszusprechen: „Herr, gib mir dieses Wasser!“?

Deshalb habe ich diesen Weg aufgezeichnet. Ich habe versucht, auf Papier zu bringen, welche Veränderung sich bei der Frau vollzieht, und in Worte zu fassen, was sich in ihren Gedanken möglicherweise abgespielt hat. Vielleicht helfen diese Bilder jemandem, selbst einen neuen Zugang zum Wasser des Lebens zu finden.

„Ja, Herr, und doch ...!“ –

Jesus und die syrophönizische Frau

(Matthäus 15,21-28)

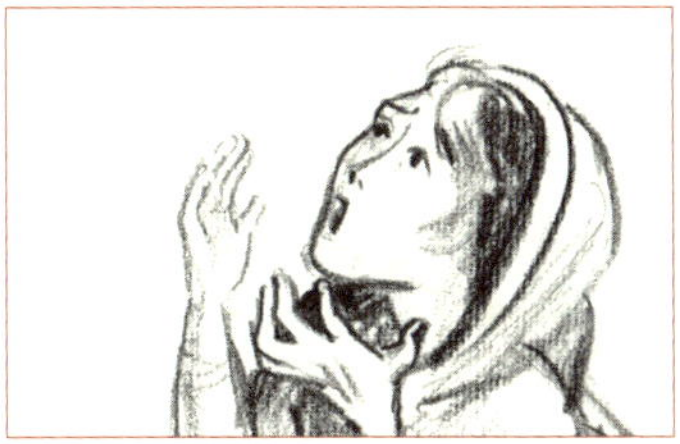

Es gibt Geschichten in der Bibel, die gehen mir regelrecht gegen den Strich. Sie passen nicht in das Bild, das ich mir von Jesus gemacht habe, sie passen nicht zu den Erwartungen, die ich an Gott habe, und sie passen nicht zu dem, was man mich immer gelehrt hat. Diese Geschichten reiben und drücken, sie zwicken und zwacken und lassen mich nicht in Ruhe. Immer wieder muss ich darüber nachgrübeln, was sie wohl bedeuten könnten, und ich stürze mich auf jede neue Auslegung, die mir vielleicht endlich das nötige „Aha- Erlebnis“ verschafft.

Eine dieser unbequemen Geschichten ist die von Jesus und der syrophönizischen Frau. Da kommt eine verzweifelte Mutter zu Jesus, bittet in großer Not, nicht für sich, nicht aus Egoismus oder Wundersucht, sondern aus schierem Elend, bittet für ihr entsetzlich geplagtes Kind – und Jesus, der Barmherzige, der Inbegriff von Güte und Hilfsbereitschaft, was tut er? Er weist sie ab! Erst lässt er sie schreien, lange schreiend hinter sich herlaufen, ohne zu reagieren, behandelt sie wie Luft. Und nur weil seine Jünger genervt sind, hört er sie an. Nur um sie schroff zurückzuweisen. Mit welcher Begründung? Das darf doch nicht

wahr sein! Weil sie eine Ausländerin ist! Ja, Jesus scheut sich nicht einmal, sie wie in alten Klischeevorstellungen mit einem Hund zu vergleichen! Was ist denn da nur in Jesus gefahren? Wie kann er diese arme Frau so behandeln? Ist das wirklich Jesus, so wie ich ihn zu kennen meine, so wie ich an ihn glaube? Der, auf den ich mein ganzes Vertrauen gesetzt habe?

Viele Ausleger haben sich an dieser Geschichte versucht. Die einen meinen, Jesus habe den Glauben der Frau nur auf die Probe stellen wollen. Andere, eher feministisch geprägt, vermuten, dass Jesus durch die Schlagfertigkeit der Frau eigene Vorurteile überwunden und zu einem weiteren Horizont gefunden hätte. Keine der vorgeschlagenen Erklärungen hat mich wirklich überzeugt. Und ich bin bis heute nicht in der Lage, eine befriedigende Erklärung für dieses rätselhafte Verhalten Jesu zu liefern – obwohl ich viele Bücher dazu gelesen und Predigten darüber gehört habe. Verstehen kann ich die Geschichte nach wie vor nicht.

Aber ich habe sie erlebt. Ich habe sie nachvollzogen im eigenen Leben und beobachtet, wie ähnliche Muster auch in anderen Lebensschicksalen sichtbar werden. Und im Nachvollziehen dieses rätselhaften Prozesses hat die Geschichte ein eigenartiges Leben und einen tieferen Sinn für mich bekommen.

Wenn ich nun andere an diesem Erleben teilhaben lasse, so kann ich es nur bruchstückhaft und ansatzweise tun. Denn so kompliziert und vielschichtig ist meine Geschichte, dass sie schwer in Worte zu fassen ist.

„Meine Tochter wird von einem bösen Geist übel gequält!" – wie viele Mütter mag es auf der Welt geben, die diesen entsetzlichen Satz nachsprechen könnten! Ob sie es nun in die gleichen Worte kleiden würden oder ob sie sagen würden: „Meine Tochter ist magersüchtig!" – „Meine Tochter erscheint mir manchmal ganz verrückt!" – „Ich komme mit meiner Tochter einfach nicht zurecht, irgendwie verkeilen wir uns dauernd in scheußliche und eigentlich grundlose Streitereien!" – „Meine Tochter ist dauernd krank und die Ärzte finden keinen Grund; es muss wohl psychische Ursachen haben!" – „Wenn ich meiner Tochter nahe kommen will, entsteht auf einmal eine unerklärliche Spannung zwischen uns, die mich ganz krank macht!"... oder wie auch immer wir es ausdrücken möchten, die Realität ist die: Die Mutter-Tochter-Beziehung bietet Raum für ganz komplizierte, fast unheimliche Kämpfe und Verwirrungen. So manche Mutter erlebt mit fassungslosem Grauen, wie ihre eigene Tochter auf einmal zu etwas wird, was nicht sie selbst sein kann. Wie irgendeine rätselhafte, böse Macht sie zu manipulieren scheint. Wie etwas Zerstörerisches, Quälendes, nicht rational Erklärbares die Atmosphäre um das Mädchen herum vergiftet. Natürlich betrifft das nicht nur Mütter und Töchter, doch anhand dieser Geschichte beschränken wir uns heute einmal auf diesen Bereich.

„Meine Tochter wird von einem bösen Geist übel geplagt!" – wie oft fiel mir dieser Satz ein, wenn ich wieder einmal morgens am Bett meiner Tochter stand und feststellte: Sie konnte heute nicht in die Schule gehen. Gestern noch frisch und vergnügt, wälzte sie sich auf einmal mit schrecklichen Schmerzen, unerträglicher Migräne, Fieber oder anderen Symptomen. Wenn so etwas einmal oder zweimal geschieht, nimmt man es an als etwas, was einfach zum Leben dazugehört. Es ist zwar schmerzlich genug für jede Mutter, mit ansehen zu müssen, wie ihr Kind leidet. Doch wir leben nun mal nicht im Paradies. Wenn es aber Woche für Woche geschieht, wenn die schulischen Leistungen gefährdet sind, wenn man von Arzt zu Arzt und von Untersuchung zu Untersuchung rennt, wenn niemand eine Ursache oder ein Heilmittel findet, wenn man in der Schule dumm angeschaut wird wegen des dauernden Fehlens des Kindes, wenn man die Verdächtigungen hört, das Kind wolle sich ja bloß drücken und die Eltern hätten wohl in der Erziehung versagt, wenn die Beziehung zum Kind belastet wird durch vergebliche und ermüdende Versuche zu helfen, wenn in der Familie Uneinigkeit und Spaltung entsteht über der Frage, wie das Problem zu behandeln sei – ja, dann beginnt eine Verzweiflung sich auszubreiten, die wie eine dunkle Wolke das Gemüt verdüstert.

Aber nein! Nicht verzweifeln! Da gibt es doch einen, der helfen kann! Haben wir nicht immer wieder gehört, dass dieser Jesus wirklich retten kann? Dass er in jeder Not hilft? Dass er auch heute noch gerne heilt, wie damals, als er sichtbar auf der Erde ging? Haben wir nicht von genügend Freunden und Bekannten die wunderbaren Geschichten gehört, was Er alles getan hat? Und haben wir nicht selbst oft genug sein hilfreiches Eingreifen erlebt? Natürlich, das ist der Ausweg! Hin zu Jesus! Ihn um Hilfe bitten, gewiss, er wird hören! Er wird retten, er wird helfen, er ist doch das Erbarmen in Person!

Und so, Woche für Woche, Jahr um Jahr, bin ich in Gedanken zu Jesus gerannt. Habe mich zu seinen Füßen niedergeworfen und um Hilfe geschrien. Jedes Mal wieder, wenn ich mein Kind von Migräne gefoltert vor mir liegen sah oder beobachtete, wie es von Angstzuständen und Todeswünschen gebeutelt wurde, jedes Mal wieder habe ich zu Jesus um Hilfe geschrien, wie nur eine Mutter schreien kann. „Du hast doch so vielen geholfen! So hilf uns auch! Du kannst doch helfen! Warum nicht auch uns?“

Immer wieder schien es, als ob die Gebete schnelle Wirkung zeitigten. Es war fast die Regel, dass sich meine Tochter bereits am Nachmittag besser fühlte und am nächsten Tag wieder in die Schule gehen konnte. Aber die Wirkung hielt nie lange vor, obwohl ich treu weiter betete. Und dann kamen die Verdächtigungen, die Unterstellungen: Sie habe ja nur gefehlt, weil sie einer bestimmten Probearbeit entfliehen wollte. Die dauernden Krankheiten seien nur simuliert, nur ein Mittel, den eigenen Willen durchzusetzen. Es fehlte nicht an guten Ratschlägen, wie man pädagogisch damit umzugehen habe. Dem kranken Kind keine Fürsorge mehr zeigen, sondern es für seine Schmerzen auch noch bestrafen – war das ein Lösungsweg? Wer wollte bestreiten, dass sich zu körperlichen Krankheiten auch ungute psychische Mechanismen gesellen könnten? Oder dass körperliche Symptome seelische Ursachen haben können? Wir suchten Rat und Hilfe an verschiedenster Stelle. Viele haben uns sehr geholfen, durch Gebete, durch geduldiges Zuhören, durch Mitdenken und Suchen nach Lösungen. Doch immer, wenn an einer Stelle ein Knoten gelöst schien, tauchte an anderer Stelle wieder etwas Zerstörerisches auf, was ich nun nicht in allen Einzelheiten beschreiben kann. Und eine Frage wurde mit den Jahren zu einem immer quälenderen Schmerz: Warum hilft Jesus nicht?

Wie gerne hätte ich selber Krankheit und Schmerz ertragen, wenn nur mein Kind verschont geblieben wäre! Aber so fühlte ich mich wie jene Frau, die Jesus schreiend hinter herrannte, nur um dann doch die Antwort zu bekommen: „Nein! Für dich doch nicht! Anderen helfe ich gerne – aber dir? Du gehörst nicht dazu. Du nicht!"

Nie habe ich bezweifelt, dass Jesus wirklich heute noch heilt. Dass er Gebete erhört und Not lindert. Wie vielen Leuten habe ich das erzählt, für wie viele selbst gebetet, bei wie vielen auch die Wirkung der Gebete hautnah gespürt! Nur bei unserem eigenen Kind schien es nicht zu wirken. Schließlich war das Mädchen so weit, dass sie gar nicht mehr wollte, dass ich für sie bete. Ich musste es heimlich und unbemerkt tun. Sie wollte keine Gebete mehr, sie wollte keine Ärzte, keine Untersuchungen, keine Krankenhausaufenthalte, keine Medikamente, keine Psychologen, keine Ratschläge mehr. Aber ich betete. Ich rannte hinter Jesus her, der sich mir immer wieder entzog, der einfach davonzugehen schien, als hätte er mich nicht bemerkt. Der mich einfach zu ignorieren schien. Ich verfolgte ihn. Ich schrie: „Jesus hilf! Jesus hilf!" Ich ließ nicht locker. Monatelang. Jahrelang.

Aber in diesem jahrelangen Prozess geschah etwas mit mir. Ich kann es nicht beschreiben, aber etwas in mir zerbrach. Eine innere Barriere von Scham und Zurückhaltung. Es zerbrach die Scheu davor, etwas intensiv zu wollen und seinen Willen durchzusetzen. Es zerbrach die Angst davor, was ich wohl auf andere Leute für einen Eindruck machen würde. Es zerbrach die falsche Maske des braven Mädchens, das sich gefügig in alles schickt, während es innerlich doch rebelliert. Ich spielte nicht mehr die fromme, geduldige Heilige, die alles still hinnimmt und erträgt. Ich wollte dieses Elend nicht länger ertragen! Ich wollte nicht länger zusehen, wie mein Kind kaputtgeht. Ein ungeheurer Zorn stieg in mir auf, Schmerz-Zorn oder Liebes-Wut. Jedes Mal, wenn meine Tochter wieder krank wurde, wurde diese Wut leidenschaftlicher. Wie eine wildgewordene Bärenmutter, die sich erhebt, um für ihr Junges zu kämpfen, so wollte ich für meine Tochter kämpfen. Ich wollte nicht nur, ich musste. Es ging nicht anders. So lernte ich, zu schreien und zu kämpfen. Ich bestürmte die Tore des Himmels, ich schlug mir gleichsam die Fäuste daran wund.

Und die Antwort auf mein Schreien? „Nein, nicht für dich. Andern helfe ich gerne. Dir nicht."

In der biblischen Geschichte wird ein einmaliges Gespräch erzählt. Bei mir war es etwas, was sich immer wiederholte. Es war nicht mit einem Mal abgetan. Immer wieder kam das Schreien, der Zorn, dieses Gefühl, dass jetzt alles andere ganz egal ist, wenn nur meiner Tochter geholfen wird. Und immer wieder kam die entsetzliche Enttäuschung darüber, dass es keine durchgreifende Hilfe gibt. Manchmal erlebte ich es wie einen immer wiederkehrenden Sturz in die Hölle.

Was war es nur, was mich gehindert hat, aufzugeben? War es meine längst vergessene Sturheit, die mir doch eigentlich schon in der Kindheit ausgetrieben wurde? Nein, da muss noch etwas anderes gewesen sein. Etwas, was direkt von Jesus selbst ausging. Ich glaube, die Frau in der biblischen Geschichte muss dieses Etwas gespürt haben. Dass hinter dem klaren Nein unausgesprochen die Aufforderung mitschwang: „Gib nicht auf! Bitte weiter! Resigniere nicht! Vertrau mir!“ Hinter allem Rätselhaften war da ein tiefes, unsagbar gütiges Erbarmen. Eine Gewissheit, trotz der harten Realität nicht allein, nicht ungetröstet zu sein.

So kam ich immer wieder an den Punkt, wo ich alles Kämpfen, alles Fordern und jeglichen Anspruch aufgab. Dieser Augenblick der Kapitulation, wo ich alle leidenschaftlichen Wünsche losließ und einfach vor Jesus hinlegte. „Ja, Herr. Du hast Recht. Ich habe keinen Anspruch auf deine Hilfe. Ich nehme es an, was immer du tust, du bist der Herr, du hast das Recht dazu. Ich sage Ja. Ich kapituliere. Ich verstehe dich nicht, ich kann nicht begreifen, warum du das alles zulässt. Aber ich vertraue dir. Dennoch.“

Und das ist nicht das Ende. Nach diesem Augenblick der völligen Kapitulation erhebt sich eine leise Stimme in mir, die eigentlich immer schon da war, aber vom lauten Schreien übertönt wurde: „Und doch, Herr ... Ich kann einfach nicht aufhören, auf deine Hilfe zu hoffen. Ich kann es einfach nicht aufgeben, dir zuzutrauen, dass du dieses Elend änderst. Ich kann einfach nicht glauben, dass du mein geliebtes Kind endlos leiden lassen wirst. Ich bringe es einfach nicht fertig, nicht auf dich zu hoffen.“

Nie habe ich, wie die Syrophönizierin, diese wunderbare befreiende Antwort gehört: „Geh hin, deine Tochter ist geheilt.“ Aber immer wieder bin ich von den Gebeten getröstet aufgestanden, mit einer seltsamen, tapferen Ruhe und Stärke, die vorher nicht da war. Mit der Gewissheit: Dies alles wird uns nicht zerstören. Diese Hölle wird nicht das Ende sein.

Keine schlagartige Befreiung war es, sondern ein langsamer Heilungsweg. Dass ein Arzt eine rettende Idee hatte und bei meiner Tochter eine seltene Krankheit entdeckte. Dass die richtigen Medikamente gefunden wurden. Dass sich Lösungswege zur Verarbeitung der Ängste und Verletzungen zeigten, zum Beispiel durch die Hilfe einer wunderbaren christlichen Therapeutin. Dass gute Freunde und Freundinnen sowohl mir als auch meiner Tochter halfen, zerstörerische Verhaltensmuster und Denkweisen zu ändern. Dass es immer wieder

Aha-Erlebnisse gab, wo ich selbst etwas erkannte und änderte, was meiner Tochter geschadet hatte.

Ich musste in diesem Prozess schonungslos auch der Wahrheit über mich selbst ins Gesicht schauen. Manchen Erkenntnissen hätte ich mich nie gestellt, wenn nicht die Liebe zu meiner Tochter mich dazu getrieben hätte. Wie gehe ich mit ihr um, was für eine Einstellung zur Welt und zum Frausein vermittle ich ihr, welche Botschaften und Signale empfängt sie von mir, unbewusst, unausgesprochen? Warum ist sie so rebellisch, so voller Angst, so ohne innere Ausgeglichenheit? Immer wieder erkannte ich beim Beten und Nachdenken erschreckt eigene sündhafte Haltungen, die ich bekennen und ablegen musste. Ein Beispiel dafür mag hier genügen:

Einmal saß ich wieder am Telefon, um wohl zum hundertsten Male meine Tochter in der Schule zu entschuldigen. Die Stimme der Sekretärin am Telefon klang gelangweilt – ja, ja, sie kannte das schon. Und wieder einmal überfiel mich die Angst: Was würde sie jetzt von mir denken? Was würden jetzt die Lehrer in der Schule über uns denken, über unsere Familie, unseren Erziehungsstil? Wir waren ja bekannt als die Pfarrersfamilie, wir standen im Blickfeld der Öffentlichkeit, unter dem Anspruch, ein Vorbild zu sein. Und nur zu gut konnte ich mir vorstellen, wie die Lehrer sich im Lehrerzimmer nun den Mund zerreißen würden: „Ja, ja, das Kind wird eben rebellieren gegen eine zu strenge religiöse Erziehung!" Ich hatte selbst schon oft solche Gespräche mitangehört, wie schnell manche Lehrer dem Elternhaus die Schuld geben für die Schwierigkeiten der Kinder. Und dabei hatte ich immer gehofft, dass unser gutes Familienleben die Menschen aufmerksam machen würde auf die Tragfähigkeit des christlichen Glaubens. Ich hatte mir gewünscht, dass unsere liebevolle Familienatmosphäre eine Ausstrahlungskraft haben würde, die ein Zeugnis für Jesus und seine Wirksamkeit sein würde. In meinen Wunschträumen sollten die Leute denken: „Seht nur, wie anders diese Christen sind! An ihrem Glauben muss wirklich etwas dran sein!" So betete ich in dieser Situation verzweifelt: „O Herr, lass nicht zu, dass diese Sache deiner Ehre schadet! Lass nicht zu, dass die Leute denken: Na, mit diesem christlichen Glauben kann es nicht weit her sein, wenn die Christen solche Probleme haben!" Als ich so betete, kam mir auf einmal ganz klar eine Antwort in den Sinn, als ob Jesus direkt auf meine Bitte entgegnen würde: „MEINE

Ehre ist nicht von der Art, dass ihr durch so etwas geschadet wird! Als ICH am Kreuz hing, dachten die Leute auch: Sein Glaube muss verkehrt sein, wenn Gott ihn so leiden lässt!"
Diese Antwort warf schlagartig ein Licht auf eine Fehlhaltung, die mein ganzes bisheriges Leben durchzogen hatte. In meinem Wunsch, Jesus durch mein Leben zu bezeugen, hatte ich mir angewöhnt, mich viel zu sehr danach zu richten, wie etwas nach außen hin wirken würde. Ich musste die Fassade der Guten, Tollen, Heilen, immer Fröhlichen aufrechterhalten, um damit als „erfolgreiche Christin" Eindruck zu machen und andere anzulocken. Aber damit hatte ich, ohne es zu merken, meinen Glauben missbraucht, um Ehre bei den Menschen zu finden. Ich wollte Gott benutzen, um von Menschen bewundert zu werden. Ich wollte eine Vorzeigechristin sein, mit einer Vorzeigefamilie, mit dem Ziel, möglichst viele Pluspunkte zu sammeln. Und ganz unbewusst hatte ich dadurch Versagen und Scheitern, Schwachheit und Sünde in meinem Leben geleugnet und verheimlicht, anstatt sie zu bekennen. Ich hatte einen ganzen Bereich der Wirklichkeit einfach ausklammern wollen.

Schlimmer noch: Ich hatte auch meine Tochter für diese meine egoistischen Zwecke missbraucht. Anstatt in erster Linie danach zu fragen, was ihr hilft und was ihr gut tut, war ich voller Angst, wie das alles nach außen wirken würde. Anstatt mich auf sie zu konzentrieren und zu fragen: „Was braucht sie?", schielte ich danach: „Was sagen die Leute?" Zu ihr zu stehen, sie zu unterstützen, auch wenn das hieß, unser Idealbild von der heilen Familie aufzugeben, das war jetzt gefragt! Dem ins Auge zu schauen, dass wir genau wie so viele andere auch eine Familie von Sündern sind, die sich schwer tun, ihre Kinder gut zu erziehen, und die dabei schreckliche Fehler machen – das war ein schwerer, aber äußerst befreiender Schritt. Dass auch wir, die wir so vieles wissen, den Gang zur Erziehungsberatung oder zum Psychotherapeuten brauchen – welche Demütigung!

Viele andere Erkenntnisse wurden mir zugemutet und geschenkt in der Zeit des intensiven Ringens um meine Tochter.

Ein mühsamer Aufwärtsweg mit vielen Rückschlägen und Schwierigkeiten war es. Doch rückblickend sehe ich das heilende Wirken Gottes auf jeder Wegstrecke. Noch heute wage ich kaum, in der Öffentlichkeit zu verkünden, meine Tochter sei geheilt. Aber ich kann aus tiefster Dankbarkeit sagen, dass es ihr viel, viel besser geht. Sie ist zwar noch gesundheitlich anfällig, kann aber meist ihre Arbeit tun und das seelische Gleichgewicht wahren. Sie ist ein fröhlicher Mensch geworden, der Freundlichkeit und Herzlichkeit ausstrahlt und von vielen als „Sonnenschein" bezeichnet wird. Ihre Migräneattacken sind sehr selten geworden und sie kann damit umgehen. Unsere Beziehung, die zeitweise bis aufs Äußerste belastet war, ist nun entspannt und liebevoll wie zwischen zwei Herzensfreundinnen. Meine Tochter ist erwachsen geworden. Entgegen allen Befürchtungen hat sie einen guten Schulabschluss geschafft und einen wunderbaren Ausbildungsplatz bekommen, hat ihren Platz im Leben gefunden und kann die Anforderungen ihres Berufes bewältigen. Ängste und Todeswünsche und die unerklärliche, hasserfüllte Rebellion sind verschwunden. Die dunkle Wolke über unserer ganzen Familie hat sich gelichtet. Der böse Geist, wie auch immer man ihn sich vorstellen mag, ist gewichen. Gott Lob und Dank!

Nein, das ist kein spektakulärer Heilungsbericht. Es ist die Geschichte eines Prozesses, den ich mit meiner Tochter und mit Jesus durchlaufen habe. Vieles ist mir dabei klar geworden. Zum Beispiel, dass es wohl nötig war, selbst das Erwachen meiner Wut und das Zerbrechen meiner falschen Scham zu durchleiden, um die Gefahren in unserer Mutter-Tochter-Beziehung zu bestehen. Mir scheint, Jesus hat diese lange Zeit des vergeblichen Schreiens benutzt, um meine Willenskraft und meine Ausdauer zu trainieren. Ich ahne, dass gerade dieser lange, zähe Prozess das Mittel war, wodurch Jesus Heilung gebracht hat. Und dass sein scheinbares oder vorläufiges Nein auch seinen Sinn in diesem Heilungsprozess hatte.

Ich fürchte, damit ist nichts erklärt. Der Verstand steht noch immer vor manchem Rätsel. Doch vielleicht dienen meine Geschichte und meine Bilder, die ich in Zeiten des „Schreiens" zeichnete, jemand anderem zur Ermutigung auf seinem Weg. Jemandem, der gerade schreiend hinter Jesus herläuft, bis hin zur Kapitulation und dem zaghaften: „Ja, Herr, und dennoch ..."

Eine anständige Frau
läuft nicht
hinter Männern her.
Egal.
Ich muss laufen,
laufen, laufen,
hinter dir her.
Denn nur du
kannst helfen.

Eine anständige Frau
schreit nicht
laut auf der Straße.
Egal.
Ich schreie,
schreie, schreie, schreie.
So laut ich kann.
Denn das Elend meiner Tochter
ist zum Schreien.

Eine anständige Frau
drängt sich nicht auf.
Egal.
Ich bedränge dich,
ich dränge mich in deine Nähe,
ich dringe auf dich ein
mit all meiner Kraft.
Denn der Jammer meiner Tochter
geht über unsere Kräfte.

Eine anständige Frau
bleibt bescheiden,
zurückhaltend und anspruchslos.
Egal.
Ich bitte,
ich fordere,
ich stelle Ansprüche.
Ich halte meinen brennenden Wunsch
nicht zurück.
Denn die Qualen meiner Tochter
sprengen alle Grenzen.

Über alle Grenzen hinweg
werde ich schreien,
schreien, schreien:
Jesus, hilf!

Ich störe.
Sie ärgern sich
über mich.
Ich nerve sie.
Darf ich das?
Soll ich mich lieber
verschüchtert
zurückziehen?
Still und brav sein?

Nein!
Ich störe weiter!
Ist es euch gleich,
wie wir leiden?
Ich störe
eure Gleichgültigkeit!
Ihr wollt
eure Ruhe?
Ihr wollt
euren Jesus
ganz für euch allein?
Ich störe
eure Ruhe.
Ich störe
euren Egoismus,
eure Menschenverachtung,
eure Bequemlichkeit.

Hört mein Schreien!
Hört die Qual der Kinder!
Hört das Elend der Mütter!
Hört die Verzweiflung der Hilflosen!
Hört mich!
Jesus, höre mich!

Jesus, ich schreie!
Meine Stimme ist heiser.
Ich bin nur noch ein einziger,
heiserer Schrei.
Nur zu dir schreie ich.
Du, nur du!
Hoffnung der Elenden,
ich jage hinter dir her.
Bleib stehen!
Sieh mich an!
Warum entziehst du dich?
Warum kümmerst du dich nicht!
Jesus, sieh mich an!

Endlich.
Du bleibst stehen.
Dein Blick erfasst mich.
Ein einziger Blick.
Sofort weiß ich:
Ich bin am Ziel.
Hier bin ich richtig.
Du siehst mein Elend.
Du verstehst.
Alles
darf ich ausschütten
vor dir.
Atemlos.
Stammelnd:
„Herr, meine Tochter!
Sie wird schrecklich gequält!
Etwas Böses quält sie!
Du kannst helfen!“

Deine Antwort –
ein Keulenschlag.
Hagel und Eisregen
in die Frühlingsblüte.
Nein sagst du.
Hund nennst du mich.
Andern hilfst du.
Mir nicht.
Ich gehöre nicht dazu.
Ich bin es nicht wert.
Da ist eine Quelle
von Güte und Liebe,
von Kraft und Trost,
von Heil und Rettung.
Sie fließt für andere.
Nicht für mich.
Ich allein
werde nicht herangelassen.
Andere dürfen satt werden
am Tisch deiner überquellenden Freude.
Ich nicht.
Nur eine Heidin bin ich.
Nur ein Hund.

Ich gebe auf.
Alles war umsonst.
Umsonst hab ich geschrien.
Umsonst bin ich gelaufen.
Du kannst helfen.
Doch du willst nicht.
Das ist dein Recht.
Ich respektiere es.
Ich kann dich nicht zwingen.
Ich kapituliere.
Ich sage:
„Ja, Herr."
Ich sage Ja.

Und doch.
Da ist noch etwas.
Ich habe den Blick
deiner Augen gesehen.
Du hast mich gesehen.
Grenzenloses Erbarmen war in deinem Blick.

Nein, ich stelle keine Forderungen mehr.
Ich gebe alle Ansprüche auf.
Kein Recht habe ich
auf deine Hilfe.

Aber du, Herr!
Du wirst es nicht über dich bringen,
mich von dir zu stoßen!
Du, du würdest auch dem jämmerlichsten Hündchen
unter deinem Tisch
noch einen Brocken zustecken.
Aus reinem Erbarmen.

Nein, ich kann es nicht glauben,
dass du nicht helfen willst!
Du kannst gar nicht anders.
Dein Erbarmen
zerreißt dir sonst das Herz!

Ich sage
ganz leise:
„Ja, Herr,
und doch ...!"

Auf einmal
ist alles anders.
Freude und Staunen
in deinem Gesicht.
Du hebst mich vom Boden.
Du lobst meinen Glauben.
Glauben?
Ich hatte doch
deine Augen gesehen.

Jetzt weiß ich:
Alles wird gut.

Gebt mir meinen Jesus wieder!
Maria Magdalena

(Johannes 20,11-18)

Tot.
Mein Leben ist tot.
Der Sieger
über meinen Tod
ist gestorben.

Leer.
Ich bin leer.
Der Ort, wo er ruhte,
ist leer.
Die ganze Welt,
die von ihm erfüllt war,
ist leer.

Meine Hände,
die ihm den letzten Dienst erweisen wollten,
greifen ins Leere.
Meine Füße,
die zu seiner Ruhestätte eilten,
wissen kein Ziel mehr.
Meine Seele,
die ihn unablässig sucht,
irrt ziellos
durch das Nichts.

Wo bist du?
Keinen anderen Gedanken
kann ich mehr fassen.
Wo bist du?
Nichts anderes
hat mehr Raum in mir.
Wo bist du?
Wie finde ich dich?
Wie finde ich den letzten Rest von dir,
das Einzige, was mir blieb,
die einzige Verbindung zum Leben,
das einzige Bruchstück von Sinn,
wo bist du?
Wo bist du?

Jemand
ruft meinen Namen.
Diese Stimme
erreicht mein taubes Ohr.
Dieser Klang
bewegt mein erstorbenes Herz,
erweckt meine toten Gefühle,
belebt meinen betäubten Geist,
befreit meinen gelähmten Körper.

Meine tränenblinden Augen
erkennen
dein Gesicht.
Das Ziel meiner Suche:
mein Meister!

Ich darf dich nicht anrühren.
Nicht festhalten.
Nicht klammern.
Meine sehnsüchtigen Hände
dürfen nicht fassen.

Habe ich dich wiedergefunden,
nur um dich
wieder loszulassen?

Aber du lebst.

Heißt Leben
immer wieder loslassen?
Ist das Leben
ein einziges Loslassen?

Aber du lebst.
Und ich lebe auch.
Ich höre,
wie du zu mir redest.
Kein anderer redet so.
Keinen andern
höre ich so.

Ich sehe
die strahlende Morgensonne.
Ich spüre
unbändige, brausende Freude.
Ich fühle
dein Leben in mir.

Ja, mein Meister,
ich halte dich nicht fest.
Ich kann jetzt
Abschied aushalten,
Schmerzen durchstehen,
Geliebtes freigeben.

Ich weiß jetzt:
Abschied ist nie das Letzte.
Ich sehe jetzt
die Liebe, die stärker ist
als der Tod.
Ich fange an,
die Kraft deiner Auferstehung
zu erkennen.

Denn du lebst.

Ich bin in Bewegung.
Ich habe ein Ziel,
einen Auftrag,
einen Sinn.

Ich brauche nicht mehr zu klammern.
Ich muss dich
nicht krampfhaft festhalten.
Du lebst ja
in mir.
Und ich in dir.

Ich spüre
dein pulsierendes Leben,
deine vibrierende Kraft,
deine jauchzende Freude
in mir.
Ich darf es alles
teilen,
mitteilen,
austeilen.

Ich möchte
die ganze Welt
mit Jubelrufen erfüllen.
Ich möchte
allen weitersagen:
Jesus lebt.
Und wir dürfen auch
leben.

Eine Geschichte voller Morgenlicht und Frühlingshoffnung, die schönste aller Ostergeschichten! Und doch liegt der Schleier eines Geheimnisses darüber. Warum kam er als Erstes zu ihr? Warum war sie die Erste, die den Auferstandenen sehen durfte? Warum erkannte sie ihn nicht gleich? Und warum durfte sie ihn nicht berühren, wo doch kurz darauf in genau dem gleichen Evangelium berichtet wird, dass Thomas eigens aufgefordert wird, die Wunden Jesu zu berühren? Warum darf es Thomas, und Maria aus Magdala darf es nicht?

Die Zartheit und Schönheit dieser Geschichte hat schon immer die Phantasie der Künstler angeregt. In den Kunstgalerien hängen auffallend viele Gemälde, die diese Szene zeigen, und auffallend viele Romane über Maria Magdalena werden bis heute geschrieben. Die häufige Behauptung, es habe sich dabei um eine Art erotische Beziehung gehandelt und Maria aus Magdala sei die „Braut Jesu" gewesen, lässt sich allerdings durch nichts belegen. Auch nicht die häufige Gleichsetzung Maria Magdalenas mit der großen Sünderin oder der Maria von Bethanien, die Jesus gesalbt haben. Es ist eher wahrscheinlich, dass es sich hier um drei verschiedene Frauen handelt, die sich wohl alle drei Jesus besonders tief verbunden wussten.

Was uns allerdings in den Evangelien berichtet wird, reicht völlig aus, um den inneren Weg nachzuvollziehen, den Maria Magdalena an diesem Ostermorgen gegangen ist. Und darauf kommt es ja eigentlich an, denn dieser innere Weg ist es, den wir nachspüren dürfen und im Geiste miterleben können.

Am Anfang dieses Weges steht der Tod. Nicht am Ende, wie wir es sonst wohl gewohnt sind, sondern am Beginn. Beginnen wir also mit Gedanken über den Tod! Es ist ja keineswegs so, dass wir, so lange wir leben, nichts mit dieser finsteren Macht zu tun hätten, nein, im Gegenteil. Wir können dem Tod nicht ausweichen, nicht entfliehen, ihn nicht verdrängen, wie sehr wir es auch versuchen. Selbst wenn wir noch nie den Tod eines geliebten Menschen zu betrauern hatten, selbst wenn wir noch nie die kleinen Tode des Abschiednehmens oder des Verzichts erleben mussten, selbst wenn wir noch nie das Sterben einer Hoffnung, eines Wunschtraumes oder eines Glückes erlebt haben – unser Leben ist dennoch ein einziges Sterben. Ein Absterben der inneren Lebendigkeit, ein Abstumpfen gegenüber den vitalen Impulsen von Mitgefühl und Leidenschaft, ein Versinken in Routine und Gewohnheit, ein verzweifeltes Sich-Aufbäumen gegen Langeweile, Öde und Sinnlosigkeit, ein Nachlassen der lebhaften Aufmerksamkeit, der Hingabe ans Leben, der Neugierde und des frischen Entzückens, das wir als Kinder allem gegenüber empfunden haben. Gewiss, die wenigsten Menschen merken, wie tot sie bereits innerlich sind. Aber es gibt kaum einen, der nicht begreift, wovon die Rede ist, wenn man mit ihm von diesen Sachverhalten spricht und ihn an die intensive Lebendigkeit seiner Kindheit erinnert. „Mitten im Leben sind wir von dem Tod umfangen", wussten schon die Menschen zu Luthers Zeiten und dachten dabei keineswegs nur an den körperlichen Tod.

Oft kommt es mir so vor, als gäbe es im Leben einen „Todessog", gegen den wir ständig ankämpfen müssten. Es ist, als ob eine Kraft uns zieht, hinein in Gleichgültigkeit und Lethargie, weg von Anteilnahme und Zuneigung, hinein in Stumpfheit und Gefühllosigkeit, weg von Kreativität und schöpferischer Aktivität, hinein in lähmende Depression, weg von Tatkraft und mutigem Aus-Sich-Herausgehen, hinein in Resignation und Verneinung. Dieser Sog zehrt an uns, entfremdet uns den Mitmenschen, entfernt uns von allem, was lebendige Beziehung bedeutet. Und das Schlimme ist: Wer erst einmal von diesem Sog ergriffen wurde, dem wird mehr und mehr die Kraft geraubt, dagegen anzukämpfen. Wir haben sie einfach nicht in uns, diese Lebenskraft. Wir scheinen wie abgetrennt von der vitalen Energiequelle unseres Daseins.

Maria Magdalena hat am Ostermorgen den Tod in seiner schlimmsten, umfassendsten Art erlebt. Für sie ist buchstäblich alles gestorben, was das Leben lebenswert machte.

Nach dem wenigen, das wir über sie wissen, hatte sie schon einmal vorher erlebt, was es heißt, den Todesmächten ausgeliefert zu sein. Sieben böse Geister hätten sie gequält, schreibt Lukas von ihr, und das kann doch nur heißen, dass sie eine entsetzliche Auflösung ihrer Persönlichkeit durchlitten hatte. Doch Jesus hatte sie freigesetzt, hatte ihr überhaupt erst wieder den Zugang zu einem lebenswerten Leben eröffnet. Kein Wunder, dass sie mit hingebungsvoller Treue an seiner Seite blieb und ihn selbst dann nicht verließ, als seine zwölf engsten Freunde die Flucht ergriffen hatten! Was muss es für sie bedeutet haben, die Kreuzigung mitzuerleben, vielleicht immer mit der heimlichen Hoffnung, dass noch im letzten Augenblick ein Wunder geschehen könnte! Schließlich hatte sie ja schon einmal das Wunder erlebt, wie die Macht Jesu alle zerstörerischen Kräfte in die Flucht schlägt! Aber diesmal blieb er scheinbar der Unterlegene, und das muss für Maria Magdalena ein unbeschreiblicher Zusammenbruch gewesen sein, ein Abstürzen in die Hölle der völligen Sinnlosigkeit und Unfassbarkeit.

Viele Christen nach ihr haben Ähnliches erlebt: dass sie ausdauernd in Treue an Jesus festgehalten haben, bis zum letzten Augenblick auf seinen Sieg, seine Hilfe, das rettende Wunder gehofft haben, um dann vor dem Nichts zu stehen und auf die Trümmer ihres Glaubens zu blicken. Viele müssen da durch. Doch keiner muss dabei stehen bleiben!

Maria Magdalena und die anderen Jüngerinnen Jesu haben sich nicht verkrochen, um in stumpfe, passive Teilnahmslosigkeit zu versinken. Als Frauen waren sie in der damaligen Zeit gewohnt, mit Tod und Trauer umzugehen. Gezwungenermaßen waren Frauen immer diejenigen, die die unangenehmen Pflichten der Versorgung des Leichnams, der Trauerrituale und der Bestattung zu erledigen hatten. Und diese Trauerrituale haben eine seltsam stabilisierende Funktion. Man weiß, was als Nächstes zu tun ist. Man ist gezwungen, aktiv zu bleiben. Man hat Möglichkeiten, irgendwie seinem Schmerz und seiner Zuneigung noch Ausdruck zu verleihen. Das Zubereiten der Salben, das Einbalsamieren des toten Körpers, das Einwickeln in Tücher, all das erhält irgendwie am Leben. Da ist doch immer noch eine Verbindung zu dem Verstorbenen. Man kann ihm noch etwas Liebes tun, für ihn da sein, ihn würdigen.

Doch nicht einmal das bleibt für Maria Magdalena möglich! Selbst das wird ihr geraubt. Die liebevoll zubereiteten Salben in den Händen, findet sie den nicht mehr, für den sie bestimmt sind. Nicht einmal seine sterblichen Überreste bleiben ihr. Das leere Grab ist für sie nichts anderes als die letzte, schrecklichste Leere, der Verlust des letzten, jämmerlichen Restes ihrer Verbindung zum Leben.

Vor solch einem Augenblick habe ich Angst. Das fürchte ich mehr als alles andere: dass mir einmal nichts mehr bleiben könnte, was sich zu lieben lohnt, keine Möglichkeit zur Aktivität, nichts, was irgendwo mehr Sinn macht. Dass alles, woran ich einmal geglaubt habe und was mir Halt gegeben hat, verschwindet und sich auflöst ins Nichts. Das wäre der schrecklichste Tod, egal, wie lebendig der Körper noch zu sein scheint! Schon allein beim bloßen Gedanken an Maria Magdalenas Situation dort vor dem leeren Grab ergreift mich die entsetzliche Eiseskälte, das Grauen vor dem Nichts. Nichts Schrecklicheres auf der Welt als so ein leeres Grab!

Sie flüchtet. Sie kann es nicht fassen, nicht glauben. Irgendwo muss er doch sein, der geliebte Körper! Er muss sich doch finden lassen, diese letzte Verbindung zum Inhalt ihres Lebens! So fixiert ist sie auf diesen Leichnam, dass sie die Engel im Grab gar nicht beachtet. Sie hastet weiter, bevor sie die rettende Auferstehungsbotschaft gehört hat. Sie will nur ihn, den toten Körper, die Erinnerung an vergangenes Glück. Und in ihrer hektischen Suche danach nimmt sie nicht einmal wahr, dass der Lebendige, Auferstandene bereits vor ihr steht. Auch an ihn hat sie nur die eine, gleiche Frage: Wo ist der Tote?

Ähnliches habe ich oft beobachtet bei der Trauerbegleitung. Trauernde Menschen können so fixiert sein auf das Letzte, was sie an den Verstorbenen erinnert, dass sie alles Tröstliche und Hoffnungsvolle, was das Leben ihnen bietet, übersehen. Sie versäumen es, sich wieder dem Leben zuzuwenden, weil sie in ihrer Trauer gefangen bleiben. Ich habe die Erfahrung gemacht, dass man sie lassen muss. Alles braucht seine Zeit, auch die Verneinung des Lebens. Ich jedenfalls habe nicht die Fähigkeit, diese Menschen aus der Trauer heraus ins Leben zurückzurufen.

In meinem eigenen Leben habe ich diese Situation der Maria Magdalena am leeren Grab widergespiegelt gefunden in meiner Suche nach meinem verstorbenen Vater. Er war ja so früh und plötzlich aus meinem Leben weggerissen worden, ohne Abschied, ohne die Möglichkeit, noch irgendetwas zu klären oder zum Abschluss zu bringen. Weder konnte ich ihm danken für alles Gute, was er mir gegeben hatte, noch konnte es ein Aussprechen der Verzeihung geben für die unvermeidlichen Verletzungen, noch konnte ich, die Sechzehnjährige, auf dem Weg der Ablösung vom Vater seinen Segen auf den Weg des Erwachsenwerdens mitbekommen. Und vor allen Dingen hätte ich noch einmal das Wort von ihm gebraucht, das sowieso die meisten Kinder viel zu selten von ihren Vätern hören: „Ich liebe dich, meine Tochter, du bist mir wichtig!“

In keiner Weise ist meine damalige Lage der von Maria Magdalena vergleichbar, denn ich war auch in der Trauer von verständnisvollen Menschen umgeben, es gab für mich Trost und Hoffnung, und ich wusste von der Realität der Auferstehung, ja mehr noch, ich kannte den Auferstandenen. Und ich erfuhr damals schon, wie dieser Glaube an die Auferstehung und die Gegenwart des Auferstandenen eine ganz reale, unschätzbare Hilfe bei der Trauerarbeit ist. Doch ein Rest blieb unbewältigt, ungeheilt. Vielleicht, weil die Menschen, die mich damals begleiteten, zu wenig wussten von den notwendigen Prozessen der Trauerarbeit, dass es zum Beispiel auch Phasen geben muss, wo Wut und Zorn zugelassen werden, oder dass Versäumtes symbolisch nachgeholt werden kann. Vielleicht auch, weil ich als junger Mensch mir diese Arbeit zu leicht machen wollte, mich zu schnell auf den Trost des Evangeliums stürzte, zu eilfertig die Ängste und den Schmerz damit beschwichtigte, anstatt ehrlich das ganze Ausmaß des Verlustes in mein Bewusstsein dringen zu lassen. Vielleicht wäre es auch damals nicht anders möglich gewesen, wer weiß es? Vielleicht bleibt immer ein Rest ungeheilt, bis wir selbst die Grenze des Todes überschritten haben und am Ziel unseres Lebens angelangt sind? Jedenfalls blieb, unbewusst und unerkannt, ein riesiger Todesschatten in meiner Seele zurück, und eine schreckliche Sehnsucht danach, das nachzuholen, was ich in der Beziehung zu meinem Vater versäumt hatte. Zum Beispiel war ich nie dazu gekommen, die notwendige Auseinandersetzung mit ihm und das Finden meiner eigenen Standpunkte zum Ende zu führen. Und wenn ich dann mit Menschen zu tun hatte, die mich auf irgendeine Weise an meinen Vater erinnerten, wunderte ich mich oft über mich selbst, weil ich mich auf einmal so verhielt, wie ich es von mir gar nicht kannte. Etwas Unkontrollierbares, Unbegreifliches trieb mich plötzlich an und verursachte Konflikte, die ich mir beim besten Willen nicht erklären konnte. Heute weiß ich: Es war die Suche nach meinem verstorbenen Vater, der Drang, wieder gutzumachen, was falsch gelaufen war, die Sehnsucht, nachzuholen, was versäumt worden war, und der Wunsch, etwas wiederzubekommen, was unwiederbringlich verloren war. „Gebt mir meinen Vater wieder!“, war der Schrei in mir.

„Gebt mir meinen Jesus wieder“, schrie es in Maria Magdalena. Und – das ist das Einmalige und Unwiederholbare an dieser Geschichte – sie bekam ihn wieder! Leibhaftig, lebendig steht er vor ihr und ruft ihren Namen. Genau das war es doch, was sie mit aller Kraft herbeigesehnt hatte: Noch einmal diese Stimme zu hören, die auf so unvergleichliche Weise ihren Namen zu rufen versteht. Noch einmal in diese Augen schauen, deren Blick allein schon lebendig macht. Wieder seine Nähe erleben, so, wie es vorher war!

Jeder Trauernde, jeder, der einmal einen Abschied durchgemacht hat, weiß von diesem leidenschaftlichen Wunsch: dass alles wieder so werden soll wie früher. Dass die schöne Vergangenheit wiederkommt. Wer kennt nicht den Wunsch, die guten Augenblicke im Leben festzuhalten und immer wieder zu wiederholen? Wer könnte nicht nachvollziehen, dass Maria Magdalena ihren wiedergefundenen Herrn fassen und festhalten will, dass sie mit ihren eigenen Händen sich vergewissern will, ob es kein Traumgebilde ist, und dass sie ihn spüren will mit allen Sinnen? Da gibt es doch nichts anderes; keine andere Reaktion wäre denkbar als die: sich in seine Arme stürzen und ihn festhalten.

Doch – es geht nicht. Er erlaubt es nicht, er weicht zurück. „Rühre mich nicht an!“, sagt er, oder: „Halte mich nicht fest!“, wie heute oft übersetzt wird. Ist das nicht schrecklich? Eine kalte Dusche in ihre gerade eben neu erwachte Freude? Eine bittere Frustration, kaum, dass sie wieder zum Leben erwacht ist? Warum ist Jesus so hart?

Da ist er wieder, dieser Jesus der Evangelien, der keineswegs so nachgiebig und weich alle Wünsche erfüllt und niemanden verletzt, so wie wir es gern hätten. Da ist wieder der Jesus, der uns etwas zumutet, der schroff sein kann, der Grenzen setzt, der sich entzieht. Ich glaube, jeder, der den lebendigen Jesus erfahren will, muss sich auf solche Begegnungen mit ihm gefasst machen. Solche Zeiten, wo er sich ganz anders verhält, als wir erwarten, und nicht das tut, was wir zu brauchen meinen. Und wo er unsere so natürlichen und verständlichen Bedürfnisse nicht erfüllt. Wo die Ereignisse des Lebens nicht die schöne, angenehme Lösung finden, um die wir gebetet haben, sondern wo alles ganz anders ist, fremd, neu und herausfordernd. Und letzten Endes doch so viel besser. Denn der auferstandene Jesus will zu seinen Jüngern und Jüngerinnen eine ganz andere Beziehung eingehen als vorher. Er will nicht, dass sie den schönen Zustand der Vergangenheit ewig weiter fortsetzen, sondern er hat etwas ganz Neues mit ihnen vor. Sie dürfen sich nicht an seiner sichtbaren, körperlichen Gegenwart festklammern, weil er ihnen von nun an auf ganz andere Weise verbunden sein wird. Nicht mehr die kindliche Abhängigkeit, nicht mehr das Gebundensein an diesen begrenzten, menschlichen Körper, nicht mehr das Fixiertsein an das Gewohnte, sondern die Freisetzung zu einem viel reiferen Umgang mit ihm, für neue Aufgaben und neue Möglichkeiten.

Auf meiner unbewussten Suche nach meinem verstorbenen Vater habe ich immer wieder die frustrierende Erfahrung gemacht, dass sich die Vergangenheit eben nicht zurückholen lässt. Mein Vater ist und bleibt tot, und nichts und niemand kann ihn mir ersetzen. Der Schmerz über seinen Verlust wird nicht einfach weggezaubert, und was zwischen uns versäumt wurde, bleibt ein Defizit in meinem Leben, das ich ertragen muss. Wenn mir immer und immer wieder auf meinem Lebensweg heilsame Begegnungen geschenkt wurden, die etwas wieder gutmachen oder etwas ersetzen, was die Lücke füllte, dann durfte ich auch diese nicht festhalten. Es gab immer wieder Abschiede, Loslassenmüssen, Hergebenmüssen. Jeder dieser Abschiede war wie ein kleiner Tod. Doch jedes Mal gab es etwas wie eine kleine Auferstehung. Nicht die Wiederholung der Vergangenheit, sondern etwas Neues, Lebendiges, das das Leben lebenswert machte. Ich blieb nie diesem Todessog ausgeliefert, der mich in die Erstarrung und Resignation ziehen wollte. Ich glaube, es ist der Auferstandene selbst, der immer wieder neu in uns die Kraft zum Leben erneuert.

Ganz auf Empfang eingestellt

Maria von Bethanien

(Lukas 10,38-42)

Nur immer
hier
zu deinen Füßen sitzen.

Nichts anderes tun
als hören.
Nichts anderes sein
als Aufmerksamkeit.
Ein offenes Gefäß,
bereit zu empfangen,
was auch immer du gibst.

Empfangen.
Nichts als empfangen.
Leer sein.
Klein sein.
Arm sein.
Aber offen,
aufnahmebereit,
alle Sinne ausgerichtet
auf dich.

Verstehen
kann ich deine Worte nicht.
Zu groß
sind sie für mich,
zu tief,
zu rätselhaft.

Aber
sie sinken
tief in mich hinein.
Sie wecken etwas
in mir.
Sie wachsen
in mir.
Sie bewegen etwas
in mir.

Ich bin
wie eine Ackerfurche,
offen für das,
was du in mich hineinlegst.
Was wird entstehen,
wenn dein Wort
in mir
Frucht getragen hat?
Ich habe
das gute Teil
erwählt.

An drei verschiedenen Stellen in der Bibel begegnet uns Maria von Bethanien. Es sind drei ganz unterschiedliche Geschichten, jede wunderschön und tiefsinnig. Jedes Mal ist auch ihre Schwester Marta dabei, und jedes Mal erfahren wir etwas Wichtiges über diese beiden von Jesus sehr geschätzten Frauen.

In der ersten Geschichte, bei Lukas, nimmt Jesus eindeutig Stellung für Maria, als ihre Schwester Marta mit ihr Probleme hat. Bezieht er dadurch automatisch Stellung gegen Marta? Jedes Mal, wenn ich diese Geschichte mit heutigen Menschen bespreche, sei es in der Schule, im Kindergottesdienstteam oder im Bibelkreis, ereifern sich die Menschen für Marta. Sie ist doch eindeutig im Recht! Sie ist eindeutig die Achtbarere, Fleißigere, Pflichtbewusstere von den beiden! Als Eltern haben wir unseren Kindern immer diejenigen als vorbildlich hingestellt, die sich unermüdlich für das Allgemeinwohl einsetzen, die sehen, wo man anpacken muss, die sich einbringen, wo Hilfe gebraucht wird. Die andern dagegen, die Träumer, die nur dasitzen und zuhören, die nicht aktiv sind, nichts bewirken, sondern nur aufnehmen, das sind doch eindeutig die Versager, die wir in unserer Welt heute nicht mehr brauchen können! Natürlich, Marta hätte sich bestimmt auch lieber zu Jesu Füßen hingesetzt und zugehört. Aber wer hätte dann fürs Essen gesorgt? Sie hat das Opfer gebracht und wird jetzt auch noch getadelt!

„Werde nur nicht so wie diese Maria, mein Kind! So eine, die sich hinsetzt und andere die Arbeit tun lässt!“ Nach diesem Motto, mehr oder weniger, sind wohl die meisten von uns erzogen worden. Viele von uns haben sich eifrig bemüht, den Marta-Lebensstil zu lernen. Aber sind wir im Grunde unseres Herzens nicht doch „Marias“? Haben wir nicht alle so eine Maria in uns, so etwas, was sich sehnt, einfach nur da zu sein und aufzunehmen, ganz auf Empfang eingestellt?

Wenn ich die kleinen Kinder beobachte, wie sie hingebungsvoll und entzückt irgendeine Kleinigkeit in Gottes Schöpfung betrachten, dann entdecke ich etwas von dieser Maria-Art. Die ganze Welt um das Kind herum scheint versunken zu sein, die gesammelte Aufmerksamkeit gilt nur einem Gegenstand, einem Käferchen vielleicht oder einem Steinchen, einer ganz unbedeutenden und unscheinbaren Sache. Manchmal habe ich mich dann neben das Kind gekauert und nur geschaut, womit es sich da beschäftigt. Und ich habe wieder neu das Staunen gelernt über die tausend kleinen Wunder, die Gott in der Welt verborgen hat.

Etwas zutiefst Wohltuendes liegt in dieser Haltung der andächtigen Versunkenheit. Es sind die Augenblicke des reinsten Glücks, wo wir uns selbst völlig vergessen und doch gleichzeitig völlig bei uns selbst sind – und bei dem, was wir betrachten. Dieses aufmerksame Staunen ist ja die Vorform oder Urform der Anbetung. Und zur Anbetung Gottes sind wir Menschen geschaffen, da erfüllt sich unsere Daseinsbestimmung, da sind wir am Ziel unseres Lebens.

Maria von Bethanien hat etwas gefunden, das ihre gesamte Aufmerksamkeit fesselt. Um sie herum versinkt die Welt. Sie hört und sieht und spürt nur noch eines: Jesus, seine Worte, seine Gesten, den Klang seiner Stimme, das Gefühl seiner Gegenwart. Mit jeder Faser ihres Seins saugt sie in sich auf, was von Jesus kommt. Äußerlich scheint sie passiv, aber innerlich ist sie höchst aktiv, aufnehmend, speichernd, verarbeitend, bewahrend. Es ist die konzentrierte, hingebungsvolle Haltung eines Kindes, das sich selbstvergessen einer Sache zuwendet.
Mir scheint, es ist diese Haltung, die wir brauchen, wenn wir Gott erfahren wollen, diese Einstellung, die wir ins Gebet und ins Bibellesen mitbringen müssen. Nur so werden wir „zum guten Lande, wenn Gottes Samenkorn auf uns fällt“.

Das ist etwas ganz anderes als die passive Konsumentenhaltung, mit der wir vielleicht vor dem Fernseher sitzen, wenn wir zu erschöpft und zu ausgepowert sind für irgendetwas anderes. Da

lassen wir uns berieseln, ohne wirklich tief davon bewegt zu werden. Die Eindrücke berühren uns nur an der Oberfläche und sinken unverarbeitet ins Unbewusste, wo sie ihr Werk tun, oft ein sehr zerstörerisches! Nein, die Hörer-Haltung der Maria ist wachsam, achtsam, intensiv verarbeitend, bewusst. Es ist auch etwas anderes als die gierig verschlingende Einstellung, mit der wir in rasendem Tempo einen Eindruck nach dem anderen „reinziehen“, suchtartig, unersättlich. Nein, Maria beschränkt sich auf das Eine, den Einen. Sie bleibt dran, beharrt und verwahrt alles, auch das zunächst Unverstandene. Ähnlich wie ihre Namensschwester, die Mutter Jesu, bewegt sie die Worte Jesu in ihrem Herzen, liebevoll, meditierend, sorgfältig.

Wie könnte es aber anders sein – Maria wird aus dieser Versunkenheit aufgestört. Es gilt nichts, es zählt nicht, was sie da gerade tut. Wie oft ist das wohl jedem von uns als Kind so gegangen, wenn wir ganz aufgingen in einer Sache, die uns zutiefst beglückt oder fasziniert hat, und plötzlich überschüttet uns ein Wortschwall, eine Schimpfkanonade: „Wie kannst du nur jetzt lesen, spielen, träumen, wo ich doch so viel Arbeit habe? Wie kannst du nur nicht bemerken, dass ich mich hier abhetze! Was bist du für ein schlechter Mensch! Was für ein faules Ding, ein nichtsnutziger Träumer!“ Oder auch: „Hast du denn ganz vergessen, dass du jetzt deine Hausaufgaben machen solltest?“ Gerade dann, wenn wir uns dem wahren Menschsein am nächsten fühlten, wenn wir fast am Ziel unseres Lebens angelangt schienen, einen Augenblick der Erfüllung erlebten – gerade dann konnte uns so etwas passieren. Und wir lernten: Das ist falsch! Das darf man nicht! Man darf sich nie so an etwas verlieren, sich nicht so hingeben und fallen lassen! Sondern man muss sich beweisen, sich durchsetzen, sich behaupten, sich nützlich machen!

Die aktiv gestaltende, zupackende, bewegliche Art der Welterfassung wurde uns gerade in unserer westlichen, neuzeitlichen Kultur oft als die bessere hingestellt, im Gegensatz zu der verweilenden, kontemplativ aufnehmenden Art. Manche sehen darin eine Abwertung des Weiblichen und einseitige Aufwertung des Männlichen, wenn man weiblich und männlich als zwei Grundprinzipien, zwei polare Lebensenergien oder innere Haltungen versteht. Ziehen wir diesen Vergleich heran, so wird klar: Wir brauchen beides. In der Geschichte von Maria und Marta werden diese beiden Haltungen an zwei Frauen sichtbar, und das ist gut, denn so entgehen wir dem Klischee, dass das eine nur für Männer und das andere nur für Frauen sei. Männer wie Frauen brauchen in ihrem Innenleben beides, beide Daseinsweisen. Und Männer wie Frauen heute scheinen oft die empfangende Haltung zu vernachlässigen.

In einem Kurs erlebte ich einmal eine Übung, wo wir Maria zu Füßen Jesu nachspielten. Wir hatten die Möglichkeit, einmal mit unserem Körper die Haltung Marias einzunehmen. Wir stellten uns vor, zu Füßen Jesu zu sitzen und ihm zu lauschen. Es war sehr ungewohnt. Wir hatten damit zu kämpfen, dass wir dauernd am liebsten aufgesprungen wären, um etwas „Gescheites" zu tun. Aber wir spürten auch: Das ist eine Gebetshaltung, die uns wirklich öffnet für Gott und sein Wort. Nur so kann das Wort Gottes tief genug in unsere Seele eindringen, dass etwas Neues in uns wächst. Nur so kann es uns verändern und umgestalten, innerlich bewegen und dann auch aus der Ruhe heraus zu Taten treiben. Die Taten, die wir nach solchem Empfangen tun, sind dann kein blinder Aktionismus, sondern etwas Lebendiges und Leben Schaffendes. Und so kommt dann auch die Marta in uns zu ihrem Recht und zu ihrer Erfüllung.

Wärest du nur hier gewesen!

Maria und Marta am Grab des Lazarus

(Johannes 11)

Ich verstehe es nicht.
Ich verstehe es einfach nicht.
Wie kann das sein?
Warum kommst du nicht?
Wo bleibst du?

Ich weiß doch,
du kannst helfen.
Du willst helfen.
Wir sind dir nicht gleichgültig.
Aber warum
kommst du dann nicht?

Die Zeit verstreicht.
Die Not
wird immer schlimmer.
Die Atemzüge des Kranken
gehen pfeifend.
Er quält sich.
Wir müssen zuschauen,
hilflos.
Wo bist du?
Warum zögerst du?

Die innere Anspannung
wächst und wächst.
Ich zerspringe fast.
Meine Schwester neben mir
sagt beschwörend:
„Ich weiß,
Er wird kommen.
Er lässt uns nicht im Stich!
Wir müssen nur glauben!
Geduld haben!
Vertrauen!"
Ach ja, ich vertraue ja.

Ganz fest klammere ich mich
an den Strohhalm des Vertrauens.
Alles in mir
ist angespannt,
verkrampft,
verhärtet.
Aber ich glaube.
Ich glaube, ich glaube, ich glaube,
ich glaube ...

Unser Bruder
hat aufgehört zu atmen.

Jetzt kommt er.
Was soll das?
Soll er doch gleich zu Hause bleiben!
Was sollen wir jetzt noch mit ihm?
Was nützt er uns,
wenn er uns nicht hilft?

Nein, so will ich nicht denken!
Er ist doch unser Freund!
Auch wenn er nichts für uns tut,
ich will ihn begrüßen.

Aber sagen werde ich es ihm.
Meine Enttäuschung.
Meine Trauer.
Meine Zweifel.
Er muss es sich anhören.
Ob er etwas darauf antworten kann?

Herr, selbst jetzt noch
empfindet mein erstarrtes Herz
einen Funken Freude
bei deinem Anblick.

Selbst jetzt noch
verbreitest du Hoffnung,
obwohl ich weiß,
es gibt nichts mehr zu hoffen.

Selbst jetzt noch
erweckst du in mir den Glauben,
dass Gott da ist.
Dass er eine gute Zukunft
für uns hat.
Dass er vertrauenswürdig ist.

Du hast unseren Hilferuf
nicht gehört.
Aber auch jetzt noch
vertraue ich dir.

Du hast unseren Bruder sterben lassen.
Aber auch jetzt noch
liebe ich dich.

Du hast uns
bitterlich
im Stich gelassen.
Aber auch jetzt noch
glaube ich.

Du weinst.
Wie wir.
Du bist einer von uns.
Könntest du nicht einfach
allen Grund zum Weinen abschaffen?
Hast du nicht die Macht,
Tod und Schmerz
aus der Welt zu verbannen?

Stattdessen
stehst du hier,
wie einer von uns,
und weinst.
Seltsamer Anblick!
Schmerz und Glück zugleich.

Alles hätte ich dir zugetraut,
aber das nicht.
Alles hätte ich geglaubt,
nur das nicht:
Den Toten,
seit drei Tagen schon im
Grab,
gibst du uns wieder.

Mechanisch,
ohne nachzudenken,
nehme ich ihm
die Totenbinden ab.
Ich bin noch
wie betäubt.
Wie soll ich
dieses Erlebnis
einordnen?
Wie soll ich
darauf reagieren?
Wie soll ich
damit weiterleben?

Aber etwas,
das in mir
tot und begraben war
seit Menschengedenken,
regt sich
und sucht den Weg
hinaus ins Licht.

Stellen wir uns das einmal vor: Du wartest und wartest. Du bist in höchster Notlage, die Zeit eilt und du weißt genau, wer hier helfen kann. Du hast getan, was du konntest, um die Hilfe herbeizurufen. Aber sie kommt nicht. Du hast fest vertraut: Ein Hilferuf wird genügen! Der Retter wird sofort herbeieilen! Die Not muss bald ein Ende haben! Doch nichts geschieht. Du wartest und hoffst. Jede Minute wird zur Qual. Mit jeder Minute schwindet ein Stückchen Hoffnung und ein Stück Vertrauen. Hilflos musst du zuschauen, wie die Not größer und größer wird. Und die Hilfe kommt nicht!

Wie muss das für Maria und Marta gewesen sein, am Krankenbett ihres Bruders Lazarus zu sitzen und auf Jesus zu warten – vergeblich! Bereits eine Viertelstunde solchen Wartens kann unerträglich sein. Zuschauen, wie der Bruder leidet und wie er dann vor ihren Augen den Kampf aufgibt, und immer, bis zum letzten Moment die Hoffnung: Jesus wird sicher gleich kommen, Jesus wird alles gutmachen. Doch stattdessen kommt die Bitterkeit. Alles Hoffen war vergeblich. Also auf Jesus ist auch kein Verlass. Er hat uns im Stich gelassen. Es verbietet sich zwar, auf ihn wütend zu sein, das kann man sich kaum erlauben. Aber kann man ihm noch vertrauen?

Von Gott enttäuscht werden. Sich von Jesus im Stich gelassen fühlen. Nicht mehr wissen, worauf man dann überhaupt noch vertrauen kann. Solche Krisen im Glaubensleben kehren in uns das Unterste zuoberst. Wir fangen an zu zweifeln, an Gott und an uns selbst, an unserem Verstand, an unserem Glauben, an der ganzen Welt.

Und jetzt heißt es plötzlich: Jesus ist gekommen. Jetzt, wo es zu spät ist. Was sollen wir jetzt noch mit ihm? Wieso kommt er jetzt noch, wo ihm doch anscheinend alles egal ist?

Viele, viele Menschen haben ihren Glauben aufgegeben, nachdem sie eine so herbe Glaubensenttäuschung erlebt haben. „Ein Gott, der mir nicht hilft, was soll mir der? Wozu brauche ich den? Da kann ich genauso gut ohne Glauben leben!“

Maria und Marta aber raffen sich auf und eilen Jesus entgegen, Marta bezeichnenderweise zuerst. Sie, die Aktivere, kann sich leichter aus der lähmenden Trauer lösen. Sie will auch jetzt noch etwas mit Jesus zu tun haben. Er hatte für sie eben nicht nur die Funktion des Wunscherfüllers und Helfers. Viele andere waren an ihm ja nur interessiert, solange er etwas für sie tat. Wenn er heilte, half, Hungernde speiste, dann war er interessant. Aber „einen Jesus, der nichts für mich tut, den brauche ich nicht!" Marta denkt anders. Als echte Freundin benutzt sie Jesus nicht nur für ihre eigenen Zwecke, sondern sie will Gemeinschaft mit ihm haben, auch wenn er nichts für sie tut. Sie will ihr Leid mit ihm teilen, will ihm auch ihre Enttäuschung mitteilen. Sie wagt es, ihm auch den Vorwurf hinzuknallen: „Herr, wärest du hier gewesen, mein Bruder wäre nicht gestorben!" Dieser Satz klingt oft in mir nach. Es schwingt in ihm immer noch das Vertrauen mit: „Ich weiß doch, dass du Macht hast! Ich kenne dich doch! Du kannst doch helfen!" Und gleichzeitig ist darin die furchtbare Trauer des „Zu spät!" und die unausgesprochene Frage: „Warum? Warum hast du gezögert, warum bist du nicht gekommen? Wo warst du, als Lazarus nach Luft rang und seine letzten Atemzüge tat? Wo warst du?"

Tief erschüttert hat mich einmal eine Todesanzeige in unserer Lokalzeitung, als ein kleines Kind tödlich verunglückt war. Die verzweifelten Eltern hatten unter diese Anzeige geschrieben: „Wo warst du, den sie Gott nennen?" Ja, wärest du hier gewesen, Herr, du hättest das Kind behüten können. Wärest du hier gewesen, Herr, all das Schreckliche wäre nicht passiert. Es gibt keine Antwort auf diese Frage. Jeder platte Trostversuch erstirbt uns auf den Lippen.

„Aber auch jetzt noch ..." sagt Marta, „auch jetzt noch weiß ich, dass Gott dich erhört."

Das Schreckliche ist passiert. Der Glaube ist erschüttert bis an die Grundfesten. Aber auch jetzt noch ist eine Gewissheit da. Auch jetzt noch weiß ich, dass Gott mir durchhelfen wird. Auch jetzt noch weiß ich, dass Jesus die Wunden heilen kann, die Trauernden trösten, die Zerbrochenen aufrichten. Auch jetzt noch weiß ich, dass Gott einen Sinn weiß.

Wenn ich Martas Gespräch mit Jesus auf mich wirken lasse, spüre ich, wie etwas zur Ruhe kommt. Der Vorwurf, die Auflehnung, das verzweifelte Fragen, es beruhigt sich. Eine traurige und doch getröstete Gelassenheit breitet sich aus, wie in manchen der alten Trostlieder: „Du weißt den Weg für mich, das ist genug." „Was mein Gott will, das g'scheh allzeit." „Herr, wie du willst, so tu mit mir." „Wenn ich auch gar nichts fühle von deiner Macht, du bringst mich doch zum Ziele, auch durch die Nacht ..." Unsere Väter und Mütter im Glauben hatten reichlich Gelegenheit, ihren Glauben in Krisensituationen zu erproben. Ihre Lieder sind nicht nur fromme Sprüche, sondern durchlittene und durchlebte Erfahrung.

Marta erinnert mich an Hiob. Wie Hiob, von Gott getestet in einer Extremsituation.

Hier wie dort geht es um die Frage: „Wird jemand umsonst Gott dienen?“ Wird jemand am Glauben festhalten, auch wenn er gar keinen persönlichen Nutzen davon hat? Gibt es jemand, der an Gott interessiert ist nur um Seiner selbst willen, der die Beziehung zu Gott nicht aufgibt, auch nach schwerster Enttäuschung? Gibt es jemand, der sagt: „Dennoch bleibe ich fest an dir!“?

Marta scheint mir so ein Mensch zu sein. Sie erwartet zwar nicht mehr viel von Jesus, jetzt nach der Enttäuschung. Sie will ihn nicht gerne an das Grab lassen, denn der Verstorbene fängt ja schon an, zu verwesen. Dass Jesus hier und jetzt helfen will, das kann sie nicht mehr glauben. Aber dass er der Sohn Gottes ist und die Auferstehung und das Leben, das glaubt sie. Trotz allem. Auch wenn ihr dieser Glaube gar nichts mehr „bringt“.

Aber da ist noch Maria. Sie muss extra geholt werden. Marta muss sie eigens rufen. Sie kommt und sagt erst mal das Gleiche wie Marta: „Herr, wärest du hier gewesen ...“ Und nun passiert etwas zwischen Jesus und Maria, das mich zum Staunen bringt. Maria weint, und Jesus lässt sich von ihren Tränen anstecken. Er gerät innerlich in Aufwallung, was man nur ganz selten in den Evangelien von ihm liest, Grimm, Schmerz, Zorn und Mitgefühl erschüttern ihn so sehr, dass er vor allen Leuten anfängt zu weinen. Vor allen Leuten – und es waren nicht nur seine Freunde da! So verletzlich zeigt er sich! So eine Blöße gibt er sich! Ist das nicht doch ein wenig peinlich?

Für mich ist es jedes Mal etwas Ergreifendes, wenn ein gestandener Mann in Tränen ausbricht. Vor allem dann, wenn es ganz offensichtlich nicht Tränen des Selbstmitleids sind, sondern echtes Mitgefühl. Unvergessen ist mir eine Vorlesung, wo unser Professor, ein fröhlicher und mutiger, kraftvoller Mann, gerade eine Nachricht erhielt von einem Menschen in Not. Und er stand da vor versammelter Hörerschaft, und das Weinen schüttelte ihn nur so, das schiere Erbarmen. „Es jammerte ihn", musste ich denken, dieser altmodische Ausdruck aus der Lutherbibel, den ich gern übersetze mit „er wurde von leidenschaftlichem Mitgefühl ergriffen". Ich habe selten etwas gesehen, was mich mehr erschüttert und was mir tiefer wohlgetan hat als der Anblick dieses weinenden Mannes. Seitdem kann ich mir Jesus in Tränen vorstellen. Er ist mir dadurch noch größer, noch liebenswerter, noch anbetungswürdiger geworden. Ein Mensch, der sich so sehr einlassen kann auf die Trauer eines anderen, der so intensiv Anteil nimmt, dem der Mitmensch so wichtig ist, dass er darüber Scham und Stolz vergisst! Ein Mensch, der nicht den starken, unerschütterlichen Helden spielen muss, sondern der zeigen kann, dass er verwundbar ist durch die Wunden eines andern Menschen!

Ich habe eine verwegene Vermutung, die freilich nur eine Spekulation ist und die ich nicht beweisen kann. Mir scheint es, als ob diese tiefe innere Bewegung, die Jesus fühlte, in ihm die Kraft zur Aufwallung brachte, die den Lazarus aus dem Grab holen konnte. Könnte es sein, dass Maria seinem Herzen so nahe war, weil sie selbst vorher so intensiv auf ihn gelauscht, so eifrig von ihm gelernt hatte? Und dass diese Verbundenheit zwischen Jesus und Maria und das Mitgefühl mit ihr eine solche Lebenskraft, eine solche Energie in ihm freisetzte, dass er den toten Freund zum Leben erwecken konnte? Natürlich will ich damit nicht anzweifeln, dass die Kraft zur Totenerweckung Jesus jederzeit zur Verfügung stand. Aber was hat ihn bewogen, sie gerade in dieser Situation einzusetzen?

Jedenfalls erinnert mich diese Geschichte an Augenblicke, wo Menschen wirklich bereit sind, miteinander zu trauern und sich vom Schmerz eines andern bewegen zu lassen. Gerade da, wo Männer vor den Tränen der Frauen nicht zurückweichen, sondern sich von ihnen zu rettenden Taten hinreißen lassen, da kommt etwas von dieser ungeheuren Energie ins Spiel. Da erwacht etwas Totes zum Leben, da passiert im Kleinen eine Art Auferweckung. Braucht es vielleicht manchmal unsere Bereitschaft zum Weinen, bevor Leben neu erwachen kann?

Den Schatz verschenken

Maria salbt Jesus

(Johannes 12,1-8 und Matthäus 26,6-12)

Vorher war sie die Empfangende. Jetzt ist sie die Gebende. Zuerst hat sie aufgenommen, aufgenommen, aufgenommen. Und jetzt verströmt sie sich, schüttet ihre ganze Zärtlichkeit über Jesus aus, gießt das Kostbarste, was sie hat, verschwenderisch über seine Haare und Füße.

Wenn ein Mensch so rückhaltlos Gefühle zeigt, werden die andern leicht verlegen. Es gehört sich nicht, zuzuschauen, wenn jemand so unkontrolliert etwas aus seinem Innersten preisgibt. Und wie schwer tun wir uns manchmal, einem anderen Menschen zu zeigen, wie viel er uns bedeutet! Welche Hürde müssen wir oft überwinden, bevor wir jemanden unsere Zuneigung wirklich von Herzen spüren lassen! Wir schämen uns, das Beste und Schönste, was in uns ist, preiszugeben, weil es so zart, so verletzlich und so unbezahlbar wertvoll ist. So wertvoll wie Marias geheimster Schatz, dieses Nardenöl.

Selbst in intimsten Beziehungen, in Ehen und Partnerschaften, ist da oft eine Grenze, wo die Scham zu groß ist, als dass man sie überwinden könnte. Oft scheint mir in der Eheberatung genau das der entscheidende Punkt: Wenn einer von beiden einmal diese Grenze überspringen würde und dem andern einmal ehrlich zeigen, wie es in ihm aussieht und wie unglaublich wichtig der andere für ihn ist, dann wäre ein Bann gebrochen und manches zerstörerische Spiel, das zwischen den beiden abläuft, wäre beendet.

Die Scham ist ein wichtiger, unschätzbar wertvoller Schutzwall. Aber manchmal verhindert sie genau das, was heilsam und notwendig wäre, nämlich dass Menschen einander wirklich nahe kommen. Das Beste, was wir haben, bewahren wir sorgsam verschlossen im Geheimen auf, wie Maria ihr Fläschchen mit Salböl. Es ist gut, dass sie es bewahrt hat! Gut, dass sie es nicht verschwenderisch verschleudert hat, zu belanglosen Gelegenheiten und an Menschen, die es nicht zu würdigen wussten! Auch das erleben wir ja heute nur zu oft, dass Menschen sich öffentlich bloßstellen, verfrüht zu viel hingeben, nur um ein wenig Aufmerksamkeit zu ergattern! Und wenn das dann zu Verletzungen führt, dann müssen sie umso mehr ihr Innerstes verhärten ...

Maria hat ihren Schatz bewahrt. Aber jetzt, jetzt ist der Zeitpunkt gekommen.

Wieder ahnen wir etwas von den feinen Antennen, die Marias Seele hatte, diese wache, konzentrierte Aufmerksamkeit, das sensible Gespür für das, was in Jesus vorgeht. Sie allein hat gehört oder gefühlt, dass er bewusst seinem Tod entgegengeht. Er war für sie nicht nur ein Lehrer oder Helfer, den sie brauchte. Er war ein Gegenüber, das sie als Person wahrgenommen hat. Sie wollte nicht nur von ihm nehmen, sie wollte ihm auch etwas geben. Was wäre gut genug, es ihm zu geben, wenn nicht ihr kostbarster Schatz? Was wäre angemessener für ihn als dieses duftende Öl, das man sonst für Könige und Priester, für einen Bräutigam und für hohe Feste verwendete – und für das Begräbnis?

Wunderbar finde ich, dass sie die Salbe nicht bis zum Begräbnis aufgehoben hat. Wie oft stehen Menschen am Grab eines geliebten Menschen und begreifen mit herzzerreißendem Jammer, dass sie dem Verstorbenen nie ihre ganze Liebe gezeigt haben! Immer haben sie sich zurückgehalten, aus Scham oder Angst, aus Stolz oder Unabhängigkeitsbestreben. Und dabei wäre es so schön gewesen, so beglückend, wenn sie nur den Mut gehabt hätten, sich rückhaltlos dem anderen zu öffnen. Natürlich, es wäre ein Risiko gewesen. Furchtbar, es zu wagen und dann verletzt und abgewiesen zu werden! Leider haben ja nur allzu viele Menschen so etwas erlebt, oft sogar in frühester Kindheit, viele sogar mehrmals, immer und immer wieder. Gerade Kinder, die voller Unbefangenheit ihr kreatives, gefühlvolles, echtes Selbst zeigen, die aufrichtig und begeistert schenken und sich vertrauensvoll öffnen, müssen oft durch bittere Erlebnisse des Verspottetwerdens und Missverstandenwerdens gehen. Es ist dann so, als ob in Blüten, die sich eben entfalten, Salzsäure gegossen wird.

Ebenso ergeht es ja auch Maria. Es bleibt ihr nicht erspart. Ohne Hintergedanken, völlig selbstvergessen, hat sie nichts anderes tun wollen, als Jesus eine Freude zu machen. Und nun kriegt sie zu hören, wie verkehrt das doch war! Das Schlimme an der Kritik ist: Sie ist einleuchtend. Berechtigt. Vernünftig. Ja, klar, das war eindeutig Verschwendung. Wie kann man nur so etwas Planloses, Undurchdachtes, Unvernünftiges tun! Ein paar Tropfen von dem Öl hätten ja vielleicht auch genügt. Oder man hätte Jesus auch auf andere Art seine Zuneigung zeigen können, billiger und schlichter. Jesus ist doch schließlich ein bescheidener Mensch, allem weltlichen Luxus abgeneigt. Er will doch gar nichts so Teures für sich haben, er hätte sich bestimmt viel mehr gefreut, wenn es den Armen gegeben worden wäre!

Klingt alles einleuchtend und logisch. Maria steht als die Blamierte da. Ja, es ist überaus peinlich, sich so zu zeigen und dann Spott und Kritik zu ernten. Es reicht schon zu spüren, dass man nicht verstanden wird. Es reicht schon zu merken, dass das, was mir so kostbar war und so wertvoll erschien, nicht gewürdigt wird. Und dann gar noch Spott!

Die Versuchung ist groß, sich dann zurückzuziehen und nichts mehr aus sich herauszulassen.

Wenn ich ein paar Mal versucht habe, meinen Schülern von den wunderbaren Schätzen des christlichen Glaubens etwas mitzuteilen, und sie fallen nur mit Kritik und Hohn darüber her, dann bin ich versucht, von nun an nichts mehr zu sagen. Künstler, die mit Zittern und Zagen ein Werk an die Öffentlichkeit gebracht haben, und es wird verrissen oder belächelt, sind oft ihr Leben lang blockiert. Ein Ehemann, der einmal seiner Frau gegenüber von seinen Schwächen und seinem Kummer erzählt hat, und dann erfährt, wie sie lieblos damit umgeht, kann möglicherweise für immer verstummen. Wie viele rettende Gespräche mögen verhindert worden sein durch solche Schambarrieren! Wie viel schöpferische Leistungen sind der Menschheit womöglich vorenthalten geblieben, weil es zu peinlich war, etwas davon zu zeigen!

Ich bin so froh, so unendlich froh, dass Jesus Maria zu Hilfe eilt. Sofort und ohne Zögern stellt er sich auf ihre Seite. Er lässt nicht zu, dass sie gedemütigt und blamiert stehen bleibt. Er bringt die Meckerer und Lästerer zum Schweigen. Er weiß, wann eine menschliche Seele Tadel verträgt und wann nicht. Er weiß zu unterscheiden, wenn ihm eine Tat echter Liebe begegnet, und er weiß es zu würdigen. Er sieht das Schöne und Zarte, das Verletzliche und Exquisite in jeder Menschenseele. Und er erhebt sich als Fürsprecher, um es zu schützen.

Ich glaube, wer wie Maria viel Zeit und Aufmerksamkeit für Jesus aufgebracht hat, der wird fähig, hinderliche Barrieren zu überschreiten. Wer gespürt hat, welche Atmosphäre der Gnade und Güte von Jesus ausgeht, der kann in dieser Atmosphäre auch sein Innerstes öffnen, wenn es angemessen ist und der Liebe dient. Wer sich so tief von Jesus gewürdigt und geschätzt weiß, der kann auch verständnislose Kritik und Ablehnung aushalten, ohne sich wieder gekränkt verschließen zu müssen.

Wir können Jesus nicht mehr Haupt und Füße salben wie Maria. Aber wir können ihn erfreuen und ihm nahe sein, wenn wir wagen, etwas von dem, was uns besonders wertvoll ist, zu verschenken. Ihm zuliebe!

Du hast von deinem Tod gesprochen.
Niemand wollte es hören.
Niemand kann es ertragen.
Doch ich
habe dich gehört.
Ich habe
deine Todesangst gespürt,
deine grenzenlose Verlassenheit.
Auch ich
kann es nicht ertragen.
Aber ich will dir nahe sein,
auch in deiner Angst.
Ich liebe dich
nicht nur, wenn du strahlend und stark,
trostreich und hilfreich bist.
Ich liebe dich,
auch wenn du elend
und hilfsbedürftig bist.
Irgendwie muss ich dir jetzt
meine Liebe zeigen.
Ich muss dich erreichen,
dich berühren.
Ich schäme mich,
weil jetzt alle es sehen.
Das Kostbarste, was ich habe,
meine tiefsten, zartesten Gefühle
werden jetzt ein Schauspiel
für verständnislose Augen.
Kann ich es wagen?

Alles
ist mir jetzt gleichgültig.
Außer dir.
Stolz und Scham
zerbrechen
wie der Hals meines Gefäßes.
Meine Zärtlichkeit
ergießt sich
über dich
wie das duftende Salböl.
Wirst du verstehen?

Den anderen
ist es peinlich.
Ich höre
harte, spöttische Worte,
Tadel, Verurteilung.

Ich achte nicht darauf.
Ich achte nur
auf deine Stimme.
Du nimmst mich in Schutz.
Mein Schatz
ist dir teuer.
Du verstehst.
Du freust dich.
Ich habe
dir wohl tun können.
Du nimmst meine Gabe an.

Der Duft
meines Salböls
begleitet dich
ins Grab.
Du bist
nicht ganz
verlassen.